삼성 창업주 이병철 회장의
마지막 질문

神

신은
정말 존재하는가?

요단
JORDAN PRESS

삼성 창업주 이병철 회장의 마지막 질문
신은 정말 존재하는가?

1판 1쇄 발행 · 2020년 5월 25일

지 은 이 강대석 정영진
발 행 인 이요섭
펴 낸 곳 요단출판사
기　　획 박찬익
편　　집 송은주
디 자 인 정은석
제　　작 박태훈
영　　업 김승훈 김창윤 정준용 이대성
등　　록 1973.8.23. 제 13-10호
주　　소 (07238) 서울특별시 영등포구 국회대로 76길 10
기획문의 (02)2643-9155
영업문의 (02)2643-7290
팩　　스 (02)2643-1877
온라인구입 요단인터넷서점 www.jordanbook.com

값 13,000원
ISBN 978-89-350-1815-4 03230
이 책의 한국어판 저작권은 저자가 소유하고 있습니다.
저자와 출판사의 사전 승인 없이 책의 내용이나 표지 등을 복제, 인용할 수 없습니다.

삼성 창업주 이병철 회장의
마 지 막 질 문
신은 정말 존재하는가?

강대석 정영진 지음

요단
JORDAN
PRESS

추천의 글

　특별하신 하나님의 선택을 받아 주님의 은혜로 살아온 세월이 고맙고 감사할 뿐입니다. 마치 사도 바울이 험난한 인생 여정을 뒤돌아보며 "나의 나 됨은 전적으로 하나님의 은혜"라고 고백하였듯이 제가 살아온 세월을 돌아보니 하나님의 은혜 아닌 것이 없습니다. 특히 험난한 세상을 살아오면서 셀 수 없이 수많은 사람들을 만났습니다. 잠깐 바람결처럼 스쳐 지나가는 사람도 있었고 오히려 만나지 않았으면 좋았을 사람도 있었습니다.

　인간은 홀로 살다가 세상 떠나는 존재가 아니라 누군가를 만나고 그 만남으로 삶의 운명이 달라지기도 합니다. 나를 아프게 한 사람이 있는가 하면 고마운 사람도 있고, 행복과 기쁨을 안겨준 사람도 있습니다. 특히 하나님의 깊은 은혜를 깨닫도록 도움을 준 사람이나, 운명을 바꾸어 줄 정도로 깊은 영향을 준 귀한 서적은 잊을 수가 없습니다.

　저는 《삼성 창업주 이병철 회장의 마지막 질문-신은 정말 존재하는가?》 이 책을 통하여 하나님의 은혜와 인생을 다시 한번 생각하는 기회가 된 것을 마음 깊이 감사하고 있습니다. 특히 삼성 창업주인 이병철 회장님이 생애 마지막으로 질문한 내용들은 세상 사람들 누구나가 궁금해 할 뿐만 아니라 반드시 이 세상에 살아 있을 때 대답을 들어야 할 물음입니다.

저는 이 어른께서 세상을 떠나셨을 때 장례식에 참석하여 대한민국의 근대화에 큰 공로를 세우신 분이요 한국 역사뿐만 아니라 세계사에 길이 남을 위인이라는 생각을 한 적이 있었습니다. 그런데 어르신께서 마지막으로 세상을 떠나시기 전 이렇게 심오한 주제들을 질문하심으로 하나님과 인생을 다시 한번 생각하게 할 뿐만 아니라 이 땅의 살아 있는 사람들에게 구원의 기회를 준 것은 하나님의 섭리요 은총이라 생각하는 바입니다.

다행히 이 회장님이 질문한 내용이 담긴 신문기사를 십 년 가까이 간직하고 있다가 드디어 때가 되어 깊은 신학적인 통찰과 성령의 감동하심으로 답변을 써서 누구나 읽을 수 있도록 귀중한 책으로 만들어 준 정영진, 강대석 박사님께 감사를 드리는 바입니다.

이 책은 기독교인뿐만 아니라 기독교에 대하여 알고 싶은 사람, 그리고 종교와 세대와 인종을 넘어 누구나 한 번은 반드시 읽어야 할 책으로 추천하는 바입니다.

반석 이진호 박사
러시아 하바로스코 국민대학 선교학 박사 | 국제기드온협회 전국이사
이스라엘 법인 세계기독교 신도연맹 부총재 | 대한민국 나라사랑운동본부 상임총재

저자서문 · 1

정작 백만장자는
하나님을 갈망했다

이 땅을 살아가는 대다수 사람들의 관심사는 "어떻게 하면 풍족해질 수 있을까? 많은 돈을 벌 수 있을까? 남보다 더 잘 살 수 있을까?" 등의 더 많은 물질을 소유하는 방법에 가 있다. 인생을 더욱 풍족하게 누리며 사는 것이 많은 사람들의 관심사이며 도전이고 본질적인 목표인 것은 어쩌면 당연할지 모른다.

그러다 보니 부자가 되고 싶어 하는 갈망과 목마름을 해갈해주고자 수많은 이들이 펜을 들어 그 질문에 대하여 남다른 답들을 정의하고 있음을 보게 된다. 마치 이 질문이 우리 일생일대의 가장 큰 숙제이며 꼭 풀어야 할 과제이기에 그렇게 살아야 될 것 같은 갈망을 불러일으킨다.

그런데 정작 백만장자였던 고 이병철 회장의 가장 큰 관심사는 다른 곳에 있었다는 것을 보게 된다. 모든 이들이 선망하고 꿈꾸는 삶을 이룬 그가 죽음을 앞두고 갖게 된 질문은 대다수 사람들이 가지고 있는 이 땅에 관한 것이 아닌, 그가 전혀 관심도 없었을 것 같은 신적 존재인 하나님에 대한 갈망이었다.

그렇게 하루만 살아도 소원이 없겠다고 여길 만한 인생을 살아온 그가 인생 말미에 갖게 된 궁극적이고 본질적인 질문이 하나님에 관한 것이었음은 우리에게 시사해주는 바가 매우 크다고 할 수 있다.

세상 사람들이 목표로 하는 것을 이미 이룬 그가 하나님에 관한 질문 24가지를 마음에 품고 있었다는 것은 오늘을 살아가고 있는 우리가 인생에 대해 가져야 할 가장 큰 질문이 무엇인지를 명확하게 알려준다고 볼 수 있다. 바로 이 책은 우리가 꼭 품어야 할 궁극적 질문에 대한 답을 제시해준다.

향방 없이 그럭저럭 살아가기에는 우리 인생이 매우 짧다. 안타깝게도 고 이병철 회장은 마음에 고이 품은 이 질문들에 대한 답을 들을 수 있는 시간이 허락되지 못했다. 그러나 바로 당신에게는 그 기회가 주어져 있다. 이 책을 통하여 우리가 정말 관심을 가져야 할 하나님, 그분이 누구이며 왜 그분을 알아야 하는지에 대한 궁극적인 일생일대의 갈망이 채워지기를 소망한다.

강대석

저자서문·2

삼성 창업주
호암 이병철 회장을 말한다

　조선 반도의 한민족 역사가 서서히 기울어져 침몰해 갈 때, 그해가 1910년이었다. 나라를 빼앗기고 희망 없이 살아야 할 분노와 절망의 시대에 하나님은 한 인물을 이 세상에 보내셨다. 삼성 창업주 호암 이병철 회장이다. 이병철 회장은 경상남도 의령군 정곡면 중교리에서 1910년 2월 12일 전통적으로 내려오는 올곧은 유교 문화로, 예의와 사람의 가치를 소중하게 여기는 명문가에서 태어났다.

　이병철 회장은 어린 시절에 이미 한학을 공부하여 사람이 갖추어야 할 기본 소양을 인격과 성품으로 습득하였다. 그는 성장하면서 나라 잃은 참혹한 역사 현실에 눈을 뜨기 시작하였다. 힘 있는 나라, 강한 나라가 되어야 함을 절실히 인식한 그는 오직 배움만이 인간과 나라를 강하게 할 수 있다고 생각하고 일본 와세다 대학으로 유학을 떠난다. 일본에서의 유학은 나라가 강해져야 함을 뼈저리게 느끼는 기회가 되었다. 이에 그는 학업을 포기하고 2년 만에 고국으로 돌아온다. 그리고 배고픈 민족을 빈곤에서 구해야 한다는 사명의식을 갖게 된다. 여기에서 그는 사업을 구상하게 되고, 사업이야말로 백성들을 이롭게 하는 것이라는 철학을 갖게 된다.

그는 마산으로 내려가 조그마한 정미소를 시작하게 된다. 이것이 오늘날 세계적인 기업으로 각광을 받는 삼성의 출발점이라 할 것이다. 그때가 1936년도였다. 그로부터 2년이 지난 1938년 3월 1일, 그의 나이 28세 때 대구에 삼성상회라는 곡물가게를 시작한다. '삼'이란 큰 것, 많은 것, 강한 것을 의미하고 '성'이란 밝고 빛나는 것을 의미하는 사업 정신으로 출발한 것이다.

　일제의 식민지 치하에서 한국인으로서 사업을 한다는 것이 얼마나 힘들고 어려웠겠는가? 그래도 사명 의식으로 버티고 견뎌내며 사업에 대한 꿈을 포기하지 않았다. 그 후 8·15해방은 되었으나 역사의 방향을 잃어버리고 혼란에 빠진 소용돌이 속에서도 이 회장은 굳건한 신념으로 사업의 열정을 잃지 않았다. 오히려 국가를 재건하고 백성들이 사람답게 살 수 있는 사회를 만드는 유일한 길은 사업을 통하여 사회와 국민들에게 봉사하는 것이라고 굳게 믿고 과감하게 추진하였다.

　이병철 회장의 사업 목표는 국민들이 필요로 하는 물품을 값싸게 생산하여 저렴한 가격으로 누구든지 사용할 수 있도록 보급하는 것이었다. 해방을 맞이한 국가 현실이 채 안정도 되기 전에 6·25 한국전쟁이 발발하였다. 이에 백성들의 현실은 말로 다 표현할 수 없는 참혹한 실정이었다. 이 와중에도 이 회장은 사업의 꿈을 포기하지 않았다.

이병철 회장은 경제 기반이야말로 국가의 존립을 결정짓는 가장 중요한 요인으로 보았다. 경제가 없는 국방이 가능한가? 경제가 없는 교육, 문화가 가능한가? 그러나 한민족의 현실은 전쟁 후에도 끊임없이 정치 사회적으로 혼란에 빠져 헤어나질 못했다. 그럼에도 이병철 회장은 끊임없는 열정과 도전 정신으로 사업을 중단하지 않고, 제일제당과 제일모직, 이어서 한국비료 등 사람들에게 필요로 하는 기본적인 물품들을 생산하는 사업에 과감한 투자를 하였다.

이병철 회장의 위대함은 인간이 세상을 살아가는 데 필요한 전 분야에 깊은 관심을 가지고 사업을 확장하여 인간의 삶에 대한 질과 품격을 높이는 데 크게 이바지하였다는 것이다. 사람이 생명을 유지하고 살아가는 데 필요한 기본적인 요소들을 생산하는 일에 우선권을 두고 사업을 시도하였다. 뿐만 아니라 교육, 문화, 예술, 언론 등 사람이 사람답게 격식 있게 살아가는 데 필요로 하는 전 분야에 걸쳐 관심을 가지고 봉사하였다는 점이다. 이병철 회장에게 사업이란 돈을 버는 것만이 목적이 아니었다. 그의 사업 철학은 사람이 사람답게 살 수 있도록 삶의 수준을 높여 주고 도와주는 것이었다. 그의 사업 정신은 국민에게 봉사하는 것이었다.

특히, 1980년대에 많은 사람들의 의구심에도 불구하고 반도체 전자 산업을 유치한 것은 미래를 내다보는 높은 식견의 결과가 아니겠는가? 오늘날 전 인류가 삼성에서 생산되는 기기를 통하여 첨단 문명을 누릴 수 있게 된 것은 바로 호암 이병철 회장의 공로가 아닐 수 없다.

우리는 한민족 역사에서 기억하고 잊지 말아야 할 위대한 인물을 들라 하면 세종대왕과 이순신 장군을 꼽는다. 그러나 나는 감히 주장한다. 여기에 이병철 회장의 자리를 마련해 주어야 하지 않겠는가? 호암 이병철 회장에 대한 근대 한국의 산업과 경제 부흥에 이바지한 민족사적 해석이 필요하지 않을까? 대한민국의 조국 근대화 작업은 박정희 대통령의 경제 정책에 관한 식견과 용기를 들지 않을 수 없다. 박정희 대통령의 경제 정책에 관한 개인 가정교사가 바로 이병철 회장이었음을 잘 알고 있는 사람은 얼마 되지 않는 것 같다.

일제의 식민지 지배하에 조그마한 방앗간으로 시작하여 해방 후의 걷잡을 수 없는 혼란과 6·25전쟁 그리고 한 치 앞도 내다볼 수 없었던 조국의 불확실한 상황에서도 조국 근대화에 앞장서서 경제뿐만 아니라 전 분야에 걸쳐 한민족의 위상을 높여 주는 데 이바지한 사람이 이병철 회장이 아닌가? 특히 1980년대 초 미국 외의 전 세계에 불모지였던 반도체 사업을 시작한 용기와 결단은 대한민국의 위상과 경제를 세계적인 수준으로 올려놓는 획기적인 사건이 되었다.

어둡고 희망 없던 혼란의 시대를 살아오면서 한민족과 세계 인류에게 새 역사를 열어 준 호암 이병철 회장이 1987년 11월 19일 파란만장한 인생을 마감하고 타계하였다. 그는 죽음을 눈앞에 두고 지금 세상을 살아가고 있는 사람들, 전 세계 인류가 묻고 들어야 할 충격적인 질문을 던졌다. 그것은 신과 인간 그리고 우주와 영원에 대한 마지막 질문이었다.

"신(하나님)의 존재를 어떻게 증명할 수 있나?", "신은 왜 자신의 존재를 똑똑히 드러내 보이지 않는가?"로 시작하여 "지구의 종말은 오는가?"라는 마지막 질문으로 끝을 맺는다. 한 시대를 치열하게 산 거장의 마지막 질문은 오늘 이 땅에 살아가고 있는 전 인류가 물어야 할 질문이라고 생각지 않는가?

다만 아쉬운 것은, 생의 마지막 자리가 아닌 인생을 시작하는 시간에 이 질문을 하였더라면….

정영진

서설

죽음 앞에 선 백만장자의
마지막 질문

    2011년 12월 17일 아침, 지금부터 9년 전 눈발 날리는 추운 겨울날 아침, 나는 조간신문을 펼치는 순간 큰 충격에 휩싸였다. 신문 네 면을 채운 기사는 이랬다.

인간 이병철 질문하다

"신이 있다면 자신의 존재를 왜 드러내지 않는가?"

"신이 인간을 사랑한다면 왜 고통과 불행을 주는가?"

"성경은 왜 하나님의 말씀인가?"

"어떻게 성경이 신의 말씀이라고 믿을 수 있는가?"

    끊임없이 이어지는 물음은 "정말 지구의 종말은 오는가?"라는 스물네 번째 질문으로 끝을 맺고 있었다.

    나는 가슴 뛰는 심장으로 이 신문지를 고이 접어 책장 깊숙이 간직해 두었다. 언젠가는 죽음 앞에 서서 절박하게 묻고 있는 이 어르신의 질문에 답해 보리라는 생각이었다. 이 질문은 지상에 살아가는 모든 인간이 물어야 할 질문이기 때문이다.

당시 중앙일보에 소개된 글을 그대로 옮긴다(2011년 12월 17일 토요일).

잠자던 질문이 눈을 떴다. 무려 24년 만이다. 삼성의 창업주 고(故) 이병철(1910-1987) 회장이 타계하기 한 달 전에 천주교 신부에게 내밀었던 종교적 물음이 언론에 처음 공개됐다. 24개의 질문은 A4용지 다섯 장에 빼곡히 적혀 있었다.

"신이 존재한다면 왜 자신을 드러내지 않는가?"라는 첫 물음부터 "지구의 종말은 오는가?"라는 마지막 물음까지, 경제계의 거목이 던졌던 종교적 질문에는 한 인간의 깊은 고뇌가 녹아 있다. 그 고뇌는 오늘을 사는 우리의 종교적 물음을 정면으로 관통한다.

이 질문지는 1987년 P 신부에게 전해졌고 그다음 가톨릭대 교수였던 J 신부에게 건넸다. 신부는 답변을 준비했고, 조만간 이 회장을 직접 만날 예정이었다.

그러다 이병철 회장의 건강이 악화됐다. "건강이 좀 회복되면 만나자"는 연락이 왔지만, 이 회장은 폐암으로 한 달 후에 타계하고 말았다. 문답의 자리는 무산되었다. J 신부는 이 질문지를 간직하고 있다가 24년 만에 공개한 것이다.

죽음의 어둠이 덮여오는 시간에 그는 홀로 가야 하는 죽음 저쪽에 대한 불안과 깊은 고뇌를 묻는다. 그의 질문 중에 "사람은 죽으면 천당과 지옥으로 간다는데 이를 어떻게 증명할 수 있는가?"라는 물음이 있다. 한 시대를 거목으로 치열하게 살았던 위인이 죽음 앞에서 던지는 이 질문은 오늘을 살아가는 우리 모두의 절박한 물음이 아니겠는가?

나는 10년이 다 되어가는 오늘 빛바랜 낡은 질문지를 다시 꺼내 들었다. 그리고 고 이병철 회장이 던진 질문은 한 세상을 살다가는 너와 나, 우리 모두의 질문이기에 답을 써보려 한다.

나는 이병철 회장이 던진 '인생의 대 질문'에 대하여 세상을 향해서 답을 써야 할 이유가 있다. 왜냐하면 각기 제멋대로 신을 만들어 놓고 제 욕망을 채우려 광란 행위에 여념이 없는 우상 종교의 시대에 참된 하나님을 어디에서 만날 수 있겠는가?

한 번만 살아야 하는 이생에서의 마지막 시간에 던진 한 인간의 실존적 질문은, 세상을 어떻게 살아야 할지 새로운 미래를 열어줄 것이다. 신과 인간 운명에 대한 물음 앞에 우리는 겸허한 마음으로 다시 인생과 세상을 해석해야 하지 않을까?

이 질문에 대하여 답을 구하는 데 함께한 이 시대의 탁월한 신학자요 교수이며 목회자인 강대석 박사의 기도와 노고에 진심으로 감사를 드린다. 또한 비 그친 한여름 날 가뭄에 목마르고 지쳐 주저앉을 때도 늘 같이했던 동역자요, 다정한 친구인 조성환 목사님의 우정과 의리를 잊을 수 없다.

우선 이병철 회장이 질문한 24편 중 신에 관한 질문에 대하여 먼저 답을 드린다. 그리고 교회에 관한 설명은 다음 편으로 계획하고 있다.

하나님은 정말 계신가? 이 물음은 계속되어야 한다. 세상 끝 날까지…. 하나님을 아는 것만이 인간의 운명과 역사와 영원에 대한 해답이니까.

목차

추천의 글 4
저자서문 6
서설 | 죽음 앞에 선 백만장자의 마지막 질문 14

질문 1 신의 존재에 대하여

신(하나님)의 존재를 어떻게 증명할 수 있나?
신은 왜 자신의 존재를 똑똑히 드러내 보이지 않는가?

만물을 보라	24
이스라엘 역사를 보라	31
예수님의 생애를 보라	39
하나님을 체험한 사람들을 보라	49
기도해 보라	57
악인의 종말을 보라	68
성경을 보라	79
오직 믿기만 하라	84

삼성 창업주
이병철 회장의
마지막 질문

신은
정말 존재하는가?

질문 2 창조와 진화에 대하여

생물학자들은 인간도 오랜 진화 과정의 산물이라고 하는데
신의 인간 창조와 어떻게 다른가?
인간이나 생물도 진화의 산물 아닌가?

    창조냐 진화냐 96

질문 3 종교에 대하여

종교란 무엇인가?
왜 인간에게 필요한가?

    종교란 무엇인가? 112
    성경은 무엇을 증언하는가? 118

질문 4 성경에 대하여

성경은 어떻게 만들어졌는가?
그것이 하나님의 말씀이라는 것을 어떻게 증명할 수 있나?

- 성경은 왜 하나님의 말씀인가? … 126
- 성경은 어떻게 기록되었는가? … 137
- 성경의 주제는 무엇인가? … 140
- 성경은 역사적 사실의 기록이다 … 149

질문 5 인간의 고난과 죽음에 대하여

신은 인간을 사랑했다면, 왜 고통과 불행과 죽음을 주었는가?

- 너는 흙이니 흙으로 돌아갈 인생아! … 156
- 어찌하여 죽어 나오지 아니하였던가? … 163
- 하나님, 저에게 왜 이러세요? … 170
- 가시의 아픔 때문에 … 176
- 누구의 죄 때문입니까? … 183

삼성 창업주
이병철 회장의
마지막 질문

신은
정말 존재하는가?

질문 6 천국과 지옥에 대하여

인간이 죽은 후에 영혼은 죽지 않고, 천국이나 지옥으로
간다는 것을 어떻게 믿을 수 있나?

천국과 지옥은 있는가? 192
천국과 지옥에는 누가 가는가? 200

질문 7 죄에 대하여

예수는 우리의 죄를 대신 속죄하기 위해 죽었다는데
우리의 죄란 무엇인가?
왜 우리로 하여금 죄를 짓게 내버려 두었는가?

죄란 무엇인가? 210
죄의 결과는 무엇인가? 223
죄를 해결하시는 하나님의 방법은 무엇인가? 228

神(하느님)의 存在를 어떻게 證明할 수 있나?
神은 왜 자신의 存在를 똑똑히 들어 내 보이지 않는가?

— 삼성 창업주 이병철 회장의 마지막 질문

Question 1

신의 존재에 대하여

신(하나님)의 존재를
어떻게 증명할 수 있나?

신은 왜 자신의 존재를
똑똑히 드러내 보이지 않는가?

만물을 보라
이스라엘 역사를 보라
예수님의 생애를 보라
하나님을 체험한 사람들을 보라
기도해 보라
악인의 종말을 보라
성경을 보라
오직 믿기만 하라

만물을 보라

*우주와 만물, 자연은
하나님의 존재를 증명한다.*

　인간이 신(하나님)을 찾는 방법은 두 가지가 있다. 인간이 노력하고 연구해서 신을 찾아내는 방법과 신이 스스로 인간 역사 안에 자신의 존재를 드러내는 방법이다.

　인간이 노력하고 연구해서 신을 찾아내는 방식을 '이성'이라고 한다. 인간 이성이란 어떤 객체에 대해서 연구와 탐구를 통해 지식화해 가는 과정을 말한다.

　그러나 인간의 연구와 노력으로는 신이 누구이며 어떠한 존재라는 사실을 발견하거나 찾아낼 수는 없다. 인간이 신을 알 수 있는 방법은 하나뿐이다. 그것은 신이 스스로 자신의 존재를 인간에게 드러내는 방법이다. 이를 '계시'라 한다.

계시라는 말은 희랍어로 '아포칼룹시스'라고 하는데 "나타나게 하다", "뚜껑을 열다"라는 뜻을 가지고 있다. 신 스스로 자신을 보여주지 않으면 인간은 신에 대해서 알 수가 없다는 말이다. 신은 인간의 이성으로 연구하고 노력해서 찾아낼 수 있는 존재가 아니다.

신이 자신을 계시해 주지 않으면 인간은 신의 존재를 알 수가 없다. 신은 인간이 발견하는 존재가 아니라 신 자신이 스스로 존재를 계시해 줄 때 계시해 준 만큼만 알 수 있는 존재이다.

신약성경 마태복음 11장 27절에 신 지식에 대한 결정적인 말씀이 기록되어 있다. "아들의 소원대로 계시를 받는 자 외에는 아버지(하나님)를 아는 자가 없느니라"고 했다. 신(하나님)의 존재를 알 수 있는 유일한 길은 인간의 이성에 의해서가 아니라 계시를 통해서만 알 수 있다. 이성의 작용이 판단이라면 계시의 작용은 신앙이다. 그러므로 신을 알 수 있는 방식은 오직 신앙, 즉 믿음을 통해서만 가능하다는 말이다.

그러면 신(하나님)은 자신을 인간 역사 안에 어떠한 방식으로 드러내셨는가? 신(하나님)은 여러 가지 방식으로 인간 역사 안에 자신의 존재를 계시하셨다. 여기서부터 신을 하나님이라 하겠다.

하나님은 우주와 세상과 만물을 통해서 자신을 나타내신다. 지상에 살던 사람 가운데 하나님을 확실하게 믿고 증언했던 사람으로 이스라엘의 두 번째 왕이었던 다윗을 기억할 것이다.

그는 말하기를 "하늘이 하나님의 영광을 선포하고 궁창이 그 손으로 하신 일을 나타내는도다"(시편 19편 1절)라고 하였다. 우주 만물이 하나님의 살아계심과 능력을 드러내고 있다는 말이다.

또한 신약성경에 바울이라는 사람이 등장한다. 이 세상에 살다간 사람 중에 하나님을 가장 정확하게 알고 증언했던 철학자요, 신앙의 사람이었다. 그가 한 말을 들어보자.

"창세로부터 그의 보이지 아니하는 것들 곧 그의 영원하신 능력과 신성이 그가 만드신 만물에 분명히 보여 알려졌나니 그러므로 그들이 핑계하지 못할지니라"(로마서 1장 20절)

이 세상 우주 만물을 보면 이 세계를 만드신 분을 알 수 있다는 말이다.

나는 이순신 장군을 본 적이 없다. 그러나 그의 실존을 단 한 번도 의심해본 기억이 없다. 그가 역사 속에서 살았던 실제적 인물이었음을 증명하는 것은 거북선과 그에 대한 역사 기록이다. 특히 거북선은 그가 누구였는지를 증명해 주는 작품이다. 작품은 작가의 사상이나 능력뿐 아니라 그가 누구인지를 설명해 주는 증거물이다.

우리가 살아가고 있는 이 세계는 누군가가 만들었기 때문에 여기에 존재하고 있다. 어떤 방식으로든 무엇이 여기에 존재하고 있다는 말은, 누군가가 이것을 있게 했기 때문에 존재하고 있다는 말이다. 현대 우주 천문학자들은 우주가 어떻게 구성되어 어떤 활동을 하고 있는지를 자세하게 밝혀내고 있다.

그러나 누가 그렇게 했는가? 이 질문에 대해서는 '모른다'이다. 물을 구성하고 있는 요소는 수소분자 둘, 산소분자 하나가 결합하여 물이 된다는 화학 법칙을 밝혀냈다. 그러나 누가 이렇게 되도록 법칙을 만들었는가? 이성은 '모른다'가 답이다. 신앙은 '하나님께서 그렇게 하셨다'는 답을 내어놓는다.

우주 천문학자들은 137억 년 전에 일어났을 빅뱅을 우주의 기원으로 추정하고 있다. 그러나 '왜 터졌는지, 누가 터지게 했는지?'에 대한 과학, 즉 이성과 지식의 답은 '모른다'이다. 그러나 계시는 '그렇게 하신 분이 하나님'이라고 기록된 계시의 책 성경 창세기 1장 1절, "태초에 하나님이 천지를 창조하시니라"는 답을 내어놓는다.

지구의 기원을 천문학자들은 45억 년 전으로 추정한다. 그런데 지구가 왜 생겼으며 물과 공기는 어디에서 왔으며 400만 종이나 되는 지구에 있는 생명체는 어떻게 생겨났는지 과학과 이성은 '모른다'이다. 그러나 신앙은 '하나님께서 그렇게 하셨다'이다.

물과 가스로 덮여진 암석이란 공 위에 75억의 인간들이 살아가고 있다. 매일 한 번씩 24시간으로 자전을 하고 1년 365일 태양 주위를 시속 11만 킬로미터로 공전하는 거리는 9억 4000만 킬로미터이다. 수십억 년 단 1초의 오차도 없이 이토록 정확하게 돌아가게 하는 힘의 원천은 무엇일까? 과학과 이성은 '모른다'이다. 계시와 신앙은 '하나님께서 그렇게 하셨다'이다.

지구가 공전궤도 상에서 23.5도 기울어져 돌아가고 있다. 왜 다른 행성과 달리 지구만 23.5도 기울어져 돌아가고 있을까? 만약 지구가 23.5도가 기울어지지 않았다면 지구 위에는 어떤 생명체도 존재할 수가 없으며 오직 북극과 남극만 있을 뿐이라고 천문학자들은 말한다.

누가 지구를 23.5도 기울어지게 했을까? 과학과 이성은 '모른다'이다. 계시와 신앙은 '하나님께서 그렇게 하셨다'고 답한다.

왜 지구 주위를 달이 돌아가고 있을까? 과학은 지구의 균형을 잡아 지구에 생명체가 존재할 수 있는 원인을 제공한다는 것을 알아내었다. 그렇다면 누가 그렇게 하였는가? 과학과 이성은 '모른다'이다. 계시와 신앙은 '하나님께서 그렇게 하셨다'이다.

태양의 질량은 지구 질량의 33만 배이고, 부피는 130만 배라고 한다. 태양은 71% 수소와 27%의 헬륨으로 구성되어 있다. 매초 7억 톤의 수소가 7억만 톤의 헬륨으로 전환되고 있다. 매초마다 측정할 수 없는 핵의 폭발로 지구의 생명체를 지키고 있으며 앞으로

50~60억 년까지 지속될 것으로 과학자들은 주장한다. 누가 이렇게 하였는가? 과학과 이성은 '모른다'이다. 계시와 신앙은 '하나님께서 하셨다'이다.

태양계 밖에서 태양의 80억 배나 되는 초거성이 발견되었다. 우주에는 1000억 개가 넘는 은하계가 존재하는 것으로 추측한다. 누가 만들었는가?

우주 안에는 인간의 지능이나 생각으로는 측정할 수 없는 전능하신 하나님이 존재한다는 사실을 우주와 만물이 증명하고 있다. 그런데 그 하나님은 생명을 가지고 계실 뿐만 아니라 고도의 치밀함과 전능한 능력을 소유하신 분이라는 사실이다. 왜냐하면 죽은 것은 무엇을 있도록 할 수 없기 때문이다. 생명과 의지와 능력이 있는 존재만이 무엇을 존재하게 할 수 있기 때문이다.

우주와 생명의 기원은 무엇인가? 인간 이성의 대답은 '아는 것이 없다'이다. 그러나 하나님의 계시의 책 성경은 대답한다.

"태초에 하나님이 천지를 창조하시니라"(창세기 1장 1절)

우주와 세상에 존재하는 만물과 자연은 이것을 만든 누군가가 있음을 입증하고 있는 무수한 증빙 자료이다.

미세한 입자에서부터 광대한 우주의 별자리까지 그토록 아름다움과 정교함, 질서와 법칙과 일점일획도 오차가 없는 정확성과 완벽함을 가진 피조물은 이 모든 것을 계획하고 만드신 전능하신 하나님을 증명하고 있다.

지구촌에 살아가고 있는 바보들은 이렇게 말한다.

"어리석은 자는 그의 마음에 이르기를 하나님이 없다 하는도다"
(시편 14편 1절)

"The fool has said in his heart There is no God".

이스라엘 역사를 보라

이스라엘 역사가 하나님의 존재를 증명한다.

하나님을 확인해 보고 싶은 마음은 지상에 살아가는 인간들의 공통된 간절함일 것이다. 아빠를 보지 못하고 자란 어린아이가 아빠를 보고 싶어 하는 마음과 사람이 하나님을 보고 싶어 하는 마음이 무엇이 다르겠는가? 어린아이가 아빠의 모습을 상상하고 생각해서 아빠의 모습을 그려 볼 수는 있을 것이다. 그러나 정확한 아빠의 실체는 아빠 자신이 나타나서 자신의 모습을 보여주고 자신에 관해서 밝혀 주어야 알 수 있다.

신(하나님)의 존재 영역은 인간의 이성과 추론으로는 실체를 확인할 수가 없다. 신(하나님)의 존재는 하나님 스스로 그 자신을 드러내 보이지 않으면 인간은 하나님을 알 수가 없다. 하나님께서 자신을 인간 역사 안에 드러내 보이시는 활동을 '역사 계시'라 한다.

신약성경 히브리서 1장 1-2절에 이런 말씀이 기록되어 있다.

"옛적에 선지자들을 통하여 여러 부분과 여러 모양으로 우리 조상들에게 말씀하신 하나님이 이 모든 날 마지막에는 아들을 통하여 우리에게 말씀하셨으니 이 아들을 만유의 상속자로 세우시고 또 그로 말미암아 모든 세계를 지으셨느니라"

하나님은 우리가 살아가고 있는 인간 역사 안에 하나님 자신을 나타내셨다. 하나님께서 자신을 드러내신 나라가 이스라엘이었다. 그래서 하나님의 말씀인 성경 중 이스라엘 역사를 구약성경으로 믿고 있다. 하나님께서 이스라엘 역사 속에 하나님 자신을 드러내 보이셨다.

왜 하필 이스라엘 역사인가? 이유는 모른다. 오직 하나님께서 그렇게 하기를 원하셨기 때문이다. 구약성경 신명기 7장 8절에 지상의 수많은 민족 가운데 이스라엘 민족을 택하신 이유에 대하여 다음과 같이 기록하고 있다.

"여호와께서 다만 너희를 사랑하심을 인하여"

하나님께서 자신을 드러내 보이기를 원하셨던 민족은 이스라엘 민족이었다. 이유는 사랑하시기 때문이었다. 하나님은 이스라엘 민족을 통하여 자신을 어떻게 나타내셨는가?

이스라엘 민족사는 반드시 하나님의 예언과 약속에 따라 성취되는 역사였다

이스라엘 역사의 신비로움은 반드시 하나님의 예언이 임하고 예언대로 성취되는 역사였다. 하나님께서 약속하시고 그 약속이 이루어지는 역사였다.

자식 하나, 땅 한 평 없이 75년 한평생 동안 사막지대를 떠돌아다니던 한 나그네가 있었다. 어느 날 하늘에서 이 외로운 나그네에게 음성이 들려왔다.

"여호와께서 아브람에게 이르시되 너는 너의 고향과 친척과 아버지의 집을 떠나 내가 네게 보여 줄 땅으로 가라 내가 너로 큰 민족을 이루고 네게 복을 주어 네 이름을 창대하게 하리니 너는 복이 될지라"(창세기 12장 1-2절)

이 나그네의 이름은 아브람이라는 노인이었다. 드디어 25년 후 100세에 아들을 낳았고, 그는 당대에 최고의 대족장이 되었다. 하나님께서 아브라함에게 약속하신 대로 그렇게 되도록 이루셨다.

하나님께서 아브라함에게 복을 주시겠다고 말씀하신 후 100년 후에 그가 세상 떠날 때의 상황을 성경은 이렇게 기록하고 있다.

"여호와께서 그에게 범사에 복을 주셨더라"(창세기 24장 1절)

하나님께서 말씀하신 예언과 약속이 그대로 성취되는 역사가 이스라엘 민족사였다. 이스라엘 역사는 단 하나도 하나님의 예언과 약속 없이 이루어지거나 진행된 사건이 없었다. 모두 하나님이 말씀하신 계획과 설계대로 진행되는 역사였다.

창세기 15장 13-14절에 "여호와께서 아브람에게 이르시되 너는 반드시 알라 네 자손이 이방에서 객이 되어 그들을 섬기겠고 그들은 사백 년 동안 네 자손을 괴롭히리니 그들이 섬기는 나라를 내가 징벌할지며 그 후에 네 자손이 큰 재물을 이끌고 나오리라"고 하였다.

하나님께서 예언하신 대로 아브라함과 그의 후손들이 애굽으로 내려가 430년 동안 노예살이로 고통받다가 출애굽하는 사건이 일어났다. 하나님께서 말씀하신 대로 역사는 진행되었고 약속하신 대로 이루어졌다. 이스라엘 왕국이 형성될 때 왕이 될 사람을 하나님이 말씀하시고 그 말씀하신 대로 사건이 진행된다.

하나님의 말씀대로 아합 왕 시대에 엘리야라는 예언자를 통해 3년 반 동안이나 비가 그치기도 하였고 다시 하늘 문이 열리기도 하였다. 이스라엘 역사는 개인에서부터 왕정 역사, 그리고 하늘의 일기조차, 하나님의 예언과 약속이 이루어지고 성취되는 역사였다. 심지어 한 사람의 삶과 죽음 그리고 생명의 연수까지도 예언하신 약속대로 하나님의 계획이 진행되는 역사였다.

이스라엘 역사는 왕정 역사가 아니라, 하나님의 말씀을 받은 예언자들의 역사였다. 이스라엘 역사는 왕들을 중심으로 진행된 역사가 아니라, 예언자들을 통해서 이루어 가신 하나님의 역사였다. 하나님은 이스라엘 민족사의 기획자이며 운영자이셨다. 이것이 다른 역사와 확연히 다른 점이었다.

이스라엘 역사는 기적의 현장이었다

이스라엘 민족의 시조 아브라함이 백 세에 아들을 낳았다는 것이 기적이다. 보디발의 아내 강간 미수죄로 억울한 사형수가 된 요셉이 하루아침에 당대의 초강대국 애굽의 총리대신이 되었다는 사건이 기적이 아니고 무엇이겠는가?

기적은 신화나 설화나 전설이 아니다. 기적은 사건이다. 기적은 역사이다. 기적은 사실이다. 기적은 우연히 일어난 사건이 아니라 하나님의 계획이었다.

애굽에서 사백 년 동안 노예로 시달리며 살던 삼백만 민족이 하루아침에 집단으로 탈출할 수 있다는 것이 가능한 일인가? 홍해 바다가 갈라져 이스라엘 민족이 다 건넌 다음 애굽 병사들이 건널 때 물이 합해져 다 몰살됐다는 기적을 왜 못 믿는가? 바다를 만드신 분이 바다를 갈랐다는데 왜 아니라고 하는가?

자신의 권세에 복종하지 않는다는 이유로 바벨론의 느부갓네살 왕이 이스라엘의 세 청년을 펄펄 끓어오르는 불가마 속에 집어넣었다. 당연히 형체도 없이 사라져야 할 세 청년이 머리카락 하나 상함 없이 살아남은 사건을 무엇으로 설명할 수 있는가? 굶주린 사자 굴에 던져졌던 다니엘이 상처 하나 없이 살아남은 기적을 성경은 기록하고 있다.

이스라엘 역사에는 가련하고 불쌍한 여인의 식량 통이 채워지고, 죽은 아이가 살아나기도 하고, 죽을 왕의 생명이 연장받기도 하고, 어린 목동이 거인 골리앗을 물맷돌 하나로 거꾸러뜨리기도 하고, 기도에 따라 비가 오기도 하고 안 오기도 하고, 패망할 전쟁에서 이기기도 하고, 이길 줄 알았던 전쟁이 패하기도 하였다.

아! 인간의 상식과 편견을 뛰어넘는 기적과 이적들로 진행된 역사가 이스라엘 민족사가 아닌가?

이스라엘 역사가 하나님의 역사인 것은 초인간적인 기적과 이적의 사건들로 이루어져 있기 때문이다. 기적은 자연의 보편적 질서를 파괴시키는 일이 아니라, 오히려 자연 질서를 초월하여 인간 역사를 조절해 가시는 하나님의 역사 운영방식을 보여주는 사건이다.

그러므로 사람의 힘으로는 불가능한 일에 대하여 하나님께서 행하시는 기적을 바라고 믿고 사는 사람들이 하나님의 백성들이다.

하나님은 이스라엘 역사 안에 하나님만 하실 수 있는 초인간적인 기적으로 나타나셨다. 그리고 하나님께서는 하나님의 백성들을 위해서 보편적 질서를 넘어 기적으로 하나님 자신을 나타내셨던 것이다. 이스라엘의 역사는 하나님께서 기적으로 하나님 자신을 나타내신 계시의 현장이었다.

이스라엘 민족사는 한 사람을 기다리는 역사였다

보통 국가를 운영하는 목적은 백성들의 자유와 생존과 번영을 위해서다. 그러나 이스라엘 민족사는 이 지상에 존재했던 모든 나라와 민족들과 그 목적이나 존재 의미가 전혀 달랐다.

이스라엘 민족사의 목적은 자유나 번영이나 강대국이 아니었다. 이스라엘 민족사의 희망과 소망은 한 사람의 구세주를 기다리는 역사였다. 이스라엘 역사는 하나님께서 약속하신 한 사람이 지상 역사 안으로 들어오는 역사의 통로를 만드시는 작업이었다. 죄와 죽음이 있는 이 슬픈 역사 안으로 하나님께서 친히 사람으로 들어오시기 위해서 역사의 통로로 이스라엘 역사를 계획하시고 준비하신 것이다.

하나님을 대적하는 사탄이 이스라엘 역사를 파괴시키려고 온갖 저항을 시도한 것이 이스라엘의 수난사이다. 이스라엘 민족은 사탄과 세상의 저항을 받으며 말로 다 할 수 없는 고통과 시련 속에서 생존해 온 사람들이다. 이것은 하나님께서 인간의 구세주 예수가 이 세상에 들어오는 통로로 이스라엘 역사를 사용하셨기 때문이었다.

드디어 이스라엘 역사를 시작하신 지 2천 년이 되는 해, 지금부터 2천 년 전에 예수 그리스도가 한 역사적 인물로 이 세상에 들어오셨다.

"말씀이 육신이 되어 우리 가운데 거하시매 우리가 그의 영광을 보니 아버지의 독생자의 영광이요 은혜와 진리가 충만하더라"(요한복음 1장 14절)

이스라엘 역사는 하나님께서 역사와 인간의 운명을 주관하는 섭리자이심을 증명하고 있다. 이스라엘 역사를 보라. 하나님을 보리라.

예수님의 생애를 보라

*예수님의 생애는
하나님의 존재를 증명한다.*

한 세상을 살면서 만고풍상을 겪으며 살아온 한 백만장자의 마지막 고뇌는 무엇이었는가?

그것은 죽음이었다. 돈으로 그리고 인간의 노력으로도 극복할 수 없는 죽음의 절망 앞에서 그는 마지막으로 신(하나님)을 찾았다. 그러나 아쉽게도 하나님을 찾은 지 40일 후에 답을 듣지 못한 채 영원히 세상을 떠나고 말았다.

그는 죽음에 대해서 물었다.

왜 사람은 죽어야 하는가?
그리고 죽음 다음에 인간은 어디로 가는가?
정말 천국과 지옥은 있는가?
누가 천국에 가고, 지옥에 가는가?

그는 죽음 앞에서 불안했다. 세상을 살아가고 있는 사람들이라면 누구나 예외 없이 한번은 마주서야 할 죽음. 저 죽음의 강변에서 홀로 외로이 서성대던 백만장자의 질문에 대하여 나는 답한다.

백만장자의 첫 번째 질문은 "신(하나님)이 있다면 왜 자신의 존재를 똑똑히 드러내지 않는가?"였다.

하나님은 누구든지 보고 듣고 만지고 경험할 수 있도록 이 세상에 나와 똑같은 사람으로 오셨다. 그리고 33년을 살다가 사람들에 의해서 처참하게 살해당하여 죽었다가 다시 살아나셔서 오백여 명이 보는 가운데 감람산에서 하늘로 올라가셨다.

하나님이 인간 세상에 나타나신다면 어떤 모습으로 오셔야 하겠는가? 성경은 하나님께서 사람이 되어 지상 역사 안에 들어오셔서 33년을 살다 가신 예수가 하나님이라고 증언하고 있다.

"말씀이 육신이 되어 우리 가운데 거하시매"(요한복음 1장 14절)

하나님께서 사람으로 이 세상에 오셔서 우리와 똑같은 사람으로 사셨다는 사실은 천지 창조 이후로 최고의 사건이다.

예수님의 제자 중 빌립이라는 사람이 예수님께 요청했다. "예수님! 하나님을 우리에게 좀 보여 주십시오."

예수님의 대답은 단호했다.

"나를 본 자는 아버지(하나님)를 보았거늘 어찌하여 아버지를 보이라 하느냐"
(요한복음 14장 9절)

예수님은 자신을 하나님이라 하셨다. 예수님은 자신을 본 사람은 하나님을 본 것이라고 하셨다.

C. S. 루이스는 이렇게 썼다.

"예수님이 하신 말씀을 하는 사람이 있다면 그는 미친 사람이거나, 아니면 진짜 하나님일 것이다."

이제 우리는 각자 선택해야 한다. 예수님은 미친 자이거나 아니면 하나님이거나 둘 중 하나이다. 우리는 예수님에게 침 뱉고 조롱하고 귀신 취급하며 정신병자로 죽여 버릴 수도 있으며, 아니면 예수님 앞에 무릎을 꿇고 엎드려 '나의 주님, 나의 하나님'으로 믿을 수도 있다. 예수님을 위대한 도덕적 스승이나 훌륭한 성자라 생각하는 잘못을 절대로 범하지 말기를 바란다.

지금부터 예수님의 일생을 간단하게 요약해 보겠다. 그리고 끝까지 읽고 정직하게 판단해보라.

이 세상에 예수님처럼 태어난 사람이 없다

예수님이 출생하기 1,500년 전에 이미 남자 없이 처녀의 몸에서 태어날 것을 모세를 통해서 예언하셨다.

> "네 후손도 여자의 후손과 원수가 되게 하리니 여자의 후손은 네 머리를 상하게 할 것이요"(창세기 3장 15절)

"여자의 후손"이라 함은 아버지 없이 동정녀를 통해서 이 세상에 오실 것을 말씀하신 것이다. 다음은 예수님이 태어나시기 700년 전에 이사야 선지자를 통해서 예언하신 말씀이다.

> "보라 처녀가 잉태하여 아들을 낳을 것이요 그의 이름을 임마누엘이라 하리라"(이사야 7장 14절)

또한 700년 전에 미가라는 선지자는 예수님이 태어날 장소를 예언하였다.

> "베들레헴 에브라다야 너는 유다 족속 중에 작을지라도 이스라엘을 다스릴 자가 네게서 내게로 나올 것이라"(미가서 5장 2절)

이스라엘 민족사는 한 사람의 출생을 기다리는 역사였다. 지상의 어느 역사가 한 사람이 태어나기를 기다리며 견디어 왔겠는가?

예수님처럼 산 사람이 인간 역사 이래 없었다

예수님의 전 생애는 현미경으로 들여다보듯 말씀 한마디, 행동 하나까지 이미 예언되어 있었다. 출생부터 이 세상에 태어난 목적과 삶과 일, 그리고 죽는 시간과 죽는 모양, 죽음 후의 부활까지 모두 수백, 수천 년 전에 이미 낱낱이 예언되어 있었다.

그리고 그 예언된 대로 일점일획의 오차 없이 그대로 진행되었다. 특히 이스라엘에 예언된 역사는 모두 예수에게서 성취되고 이루어졌다. 지구상을 살다 간 인간 중에 수천 수백 년 전에 이미 그가 어디에서, 어떻게 태어나서, 어떻게 살다가, 어떻게 죽을 것이라고 예언된 사람이 있는가?

지구상의 모든 위인의 장점을 다 모아 놓아도 이 한 분 예수님과 같은 이는 없을 정도로 신비한 분이었다. 하나님께서 예수라는 사람으로 우리가 살아가고 있는 역사 안으로 들어오신 것이다.

예수님의 실수나 잘못이나 허물이 있으면 말해보라. 예수님은 완전하신 분이었다. 단 한 점의 허물도 찾아낼 수 없는 완전한 하나님이셨다. 예수님이 하나님을 증명하고 있다.

예수님처럼 말한 사람이 없었다

예수님은 자신을 하늘 아버지께 가는 유일한 길이라고 말씀하셨다.

"예수께서 이르시되 내가 곧 길이요 진리요 생명이니 나로 말미암지 않고는 아버지께로 올 자가 없느니라"(요한복음 14장 6절)

예수님은 자신을 사람의 몸을 입은 하나님이라고 하셨다.

"말씀이 육신이 되어 우리 가운데 거하시매 우리가 그의 영광을 보니 아버지의 독생자의 영광이요 은혜와 진리가 충만하더라"(요한복음 1장 14절)

예수님은 하나님처럼 사람들의 죄를 용서하셨다.

"예수께서 그들의 믿음을 보시고 중풍병자에게 이르시되 작은 자야 네 죄 사함을 받았느니라"(마가복음 2장 5절)

예수님은 하나님과 똑같이 경배를 받으셨다.

"예수를 뵈옵고 경배하나"(마태복음 28장 17절)

예수님은 자신을 하나님이라고 하셨다.

"예수께서 이르시되 나를 본 자는 아버지를 보았거늘 어찌하여 아버지를 보이라 하느냐"(요한복음 14장 9절)

예수님처럼 기적을 행한 사람이 없다

예수님은 물로 포도주를 즉시 만드셨다(요한복음 2장 1-11절). 화학법칙을 초월하셨다. 법칙을 초월한 것은 법칙을 만들었다는 증거이다. 예수님은 물 위를 육지같이 걸으셨다(마태복음 14장 26절). 부력의 법칙을 초월하셨다. 예수님은 죽은 자를 살려내셨다(마가복음 5장 42절). 예수님은 하나님과 똑같은 분으로 생명의 주인이심을 증거한 사건이었다. 그리고 모든 각색 병든 사람들을 고치셨다(마태복음 4장 23절). 예수님의 말씀에 바다의 바람과 파도가 잔잔해졌다(마태복음 8장 26절). 보리떡 다섯 개와 물고기 두 마리로 오천 명을 먹이셨다(요한복음 6장 11절).

자연법칙을 초월하여 기적을 행하신 것은 그가 모든 법칙의 창시자라는 증거이다. 예수님은 세상과 만물을 창조하신 창조주 하나님이셨다. 왜냐하면 세상 만물과 자연 질서를 만든 자만이 법칙을 초월할 수 있기 때문이다.

예수님처럼 인류의 죄 값을 지불하기 위한 목적으로 죽은 사람이 없다

사람은 모두 제 명대로 살다가 죽는다. 나라와 민족을 위해 죽는 사람도 있다. 자식을 위해 죽는 사람도 있다. 그러나 지구상에 살아가는 전 인류의 죄 값을 지불하기 위한 목적으로 죽은 사람은 단 한 사람도 없었다. "나는 인류의 죄 값으로 죽노라", 이렇게 자신의 죽음을 선언하고 죽은 사람이 있는가?

예수님의 죽음은 인류의 죄 값 때문이라고 성경은 증언하고 있다. 예수님은 인류의 죄 값을 지불하기 위해서 십자가에서 죽으셨다.

"우리는 다 양 같아서 그릇 행하여 각기 제 길로 갔거늘 여호와께서는 우리 모두의 죄악을 그에게 담당시키셨도다"(이사야 53장 6절)
"우리가 아직 죄인 되었을 때에 그리스도께서 우리를 위하여 죽으심으로 하나님께서 우리에 대한 자기의 사랑을 확증하셨느니라"(로마서 5장 8절)

지상에 살다 간 위인 중에 그의 죽음이 회자되고 중심 교리가 된 인물이 있는가? 기독교는 예수님의 죽음이 중심에 서 있다. 예수님의 죽음을 알리는 것이 기독교이다. 십자가는 예수님이 죽은 사형 틀이었다.

"예수께서 이르시되 아버지 저들을 사하여 주옵소서 자기들이 하는 것을 알지 못함이니이다 하시더라"(누가복음 23장 34절)

예수님이 십자가에서 죽으신 것은 사람의 죄를 해결하시는 하나님의 방법이었다.

나를 위해서, 나를 구원하기 위해서, 나의 죄 값으로 내 대신 죽었다는 예수의 죽음! 하늘 땅 우주 만물을 지으신 하나님이 나를 구원하시려고 사람으로 이 세상에 내려오셔서, 나의 죄 값으로 내가 받아야 할 형벌을 내 대신 십자가에서 받으셨다는 기막힌 이야기가 예수님의 이야기이다.

예수님은 죽으시고 삼 일 후에 부활하셨다

사람은 죽으면 이 세상에서는 끝이다. 이것이 죽음에 대한 인류의 보편적인 생각이다. 그러나 예수님은 다시 살아나셨다. 죽었다가 다시 살아났다는 부활 사건이 2천 년 동안 지금까지 논쟁이 된 사람은 오직 예수님뿐이지 않는가?

이 땅 위에 살아가는 사람들을 두 부류로 나누어 보면 다음과 같다. 예수를 믿는 사람과 예수를 믿지 않는 사람이다. 예수님의 부활을 믿는 사람과 죽으면 끝장이라고 생각하는 사람이다.

예수님이 하나님이심을 증명한 최후의 결정적 사건이 예수님의 부활이다. 죽어도 다시 살아날 수 있는 길이 있음을 열어 놓은 우주적 사건이었다. 천지 창조 이래 최대의 사건이었다. 죽음을 통치할 수 있는 분은 오직 하나님뿐이다. 삶도 죽음도 하나님의 통치 아래에 있다.

죽음의 강변에 서서 듣고 싶었던 죽음 저 건너편에 대한 이야기를 끝내 듣지 못하고 이병철 회장은 슬프게도 그렇게 세상을 떠나갔다.

돈으로도, 권력으로도, 지식으로도, 그 무엇으로도 해답을 얻을 수 없었던 죽음 앞에서의 두렵고 외로운 절망감, 당신에게도 그 순간이 불현듯 찾아올 것이다. 그 시간이 오기 전에 지금 예수를 믿으라.

"너희는 마음에 근심하지 말라 하나님을 믿으니 또 나를 믿으라 내 아버지 집에 거할 곳이 많도다"(요한복음 14장 1-2절)

하나님을 체험한 사람들을 보라

개인적 체험으로 하나님의 존재를 증명한다.

호암 이병철 회장은 세상을 떠나기 전에 살아계신 하나님을 의존하고 싶어 했다. "신(하나님)은 왜 자신의 존재를 똑똑히 드러내 보이지 않는가?" 하나님에 대한 목마른 질문이 아닌가?

바울이라는 사람이 있었다. 바울은 당시 최고의 지성인으로 꼽힌 특권층의 사람이었다. 학문으로는 당시대를 지배하고 있던 헬라 철학의 대가였다. 종교적으로는 유대 종교의 지도자로 충성된 사람이었다. 정치권에서는 당시 로마 정치의 지배 권력을 행사할 수 있을 만큼 막강한 배경을 소유한 사람이었다.

그런데 그때 세상을 뒤집는 혁명적인 일이 민중 가운데 불화살처럼 번지는 사건이 있었다. 예수가 다시 부활했다는 소문은 예루살렘을 중심으로 산불 번지듯 확산되고 있었다.

십자가에 처형당했던 예수가 삼 일 만에 다시 부활했다는 이 소식은 민중들의 생각과 삶의 구조를 완전히 뒤집어 놓는 사건이었다. 인간은 살다가 죽으면 끝나는 줄 알았는데, 예수의 부활 사건은 죽어도 다시 살 수 있다는 부활의 가능성과 이 세상 저 너머에 또 하나의 영원한 세상이 있음을 확인하는 사건이었다.

예수의 부활을 목격한 사람들은 죽음을 두려워하거나 불안해하지 않는 전혀 다른 사람들로 변화되었다. 이에 유대교와 로마 권력자들은 예수의 부활을 믿고 전파하는 사람들을 탄압하기 시작하였다.

이때 예루살렘 거리에서 예수의 부활을 설교하던 스데반이라는 사람이 돌에 맞아 죽는 참혹한 사건이 일어났다. 예수의 부활을 믿는 사람들은 유대교와 로마 권력자들의 탄압과 핍박에 못 이겨 집을 버리고 고향을 떠나 이곳저곳으로 흩어져 세상 나그네로 전락하게 되었다. 당시 예수의 부활을 믿는 사람들을 가장 극심하게 탄압하였던 유대교의 지도자 중의 한 사람이 바울이었다.

허황되고, 허망한 거짓말로 백성들을 혼란에 빠지게 하는 사람들을 잡아 처형하는 것이 유대교와 하나님께 충성하는 일이라고 생각하여 예수의 부활을 믿는 사람들을 박해하였다. 스데반이라는 사람을 돌로 쳐 죽이는 데 주도적 역할을 한 사람이 바울이었다.

바울은 당시 최고의 지성인이며 유대 종교 지도자요, 로마 권력의 핵심 인사였다. 한번은 다메섹이라는 성 안에 예수의 부활을 믿는 사람들이 모여 있다는 첩보를 듣고 이들을 소탕하려고 일행들과 함께 길을 가는 중이었다. 그런데 이게 웬일인가?

시간은 정오쯤 되었다. 갑자기 하늘로부터 빛이 쏟아지기 시작하였다. 일행은 모두 땅에 엎드러져 버리고 말았다. 이때 하늘에서 소리가 들려 왔다. "사울아! 사울아! 네가 어찌하여 나를 박해하느냐." 사울은 불안에 떨면서 "누구십니까?"라고 물었다. 돌아온 대답은 "나는 네가 박해하는 예수라"(사도행전 9장 5절). 부활하신 주님의 음성을 온몸으로 생생히 듣는 순간이었다.

바울은 부활해서 살아 계신 예수를 직접 몸으로 만났다. 이 세상에서 가장 강한 힘이 있다면 전 존재로 실체를 직접 체험하는 사건이다. 들어서 지식화된 이야기는 더 좋은 사상이나 새로운 정보에 밀려나게 마련이다. 그러나 직접 몸으로 경험한 사건은 부인하거나, 의심할 수 없는 강한 믿음과 확신으로 인식된다.

바울은 기독교를 연구해서 믿은 사람도 아니고, 누가 믿으라고 해서 예수를 믿은 사람도 아니다. 바울은 직접 부활하신 예수를 만난 것이다. 살아 계신 예수를 전 존재로 체험한 것이다. 바울에게 신앙이란, 사상도 아니고 지식도 아니고 철학도 아니고 학문도 아니었다. 온몸으로 부활하신 예수를 직접 만난 바울에게 신앙이란 생명이요, 역사요, 사건이며, 현실이며, 지금 여기 현재요, 확실한 미래요, 영원이며, 능력이었다.

바울은 예수를 실제적으로 만나기 전에는 예수의 존재와 부활은 거짓이요, 허황된 것으로 민중의 삶을 파괴시키는 독버섯 같은 일이라고 생각하였다. 이에 하나님과 유대교와 민중들의 삶을 위해 할 수 있는 충성된 일은, 예수의 부활을 믿고 죽어도 다시 살 수 있다는 허황된 생각에 사로잡혀 있는 사람들을 구하는 것이라고 생각했던 사람이다.

때는 시간적으로 정오였다. 가장 밝은 대낮에 혼자도 아니고 한 무리를 지어 길을 가는 도중에 부활하신 예수가 나타났던 것이다.

"나는 네가 박해하는 예수라"(사도행전 9장 5절)

'아! 예수가 정말 부활하셨도다. 예수는 역사 속에 실재로 살아 계신 하나님이시로다.' 사람의 생각과 행동과 삶을 지켜보고 계신 부활하신 예수가 그 시간에 거기로 오셨던 것이다. 바울이 부활하신 예수를 거기에서 온몸으로 경험하는 강력한 순간이었다. 귀로 그의 음성을 들었고, 몸으로 예수님의 실존을 경험하는 순간이었다.

그 순간부터 바울은 사나 죽으나 예수였고, 예수 때문에 살고 예수 때문에 죽고, 예수가 삶의 이유였고 목적이었고 방법이었다.

> "우리가 살아도 주를 위하여 살고 죽어도 주를 위하여 죽나니 그러므로 사나 죽으나 우리가 주의 것이로다"(로마서 14장 8절)

호암 이병철 회장의 하나님에 대한 첫 번째 질문은 "왜 하나님은 자신의 존재를 똑똑히 드러내 보이지 않는가?"였다. 대답은 이렇다. 하나님은 자신의 존재를 말씀으로, 사건으로, 또 여러 가지 방법으로 끊임없이 나타내셨다. 살아 계신 주님께서 어떤 사람들은 병상에서, 어떤 사람들은 절망의 자리에서, 어떤 사람들은 위험한 위기의 순간에 직접 만나 주셨다. 그 수는 부지기수이다.

하나님은 끊임없이 하나님 자신을 인간 세계에 나타내셨다. 방주를 지어 구원받았던 노아를 보라. 하나님은 노아에게 나타나셔서 방주 설계도를 가르쳐 주셨고 세상을 향한 하나님의 계획을 말씀하시지 않았는가?

메마른 사막을 떠돌아다니며 생명을 부지하던 정처 없는 나그네 아브라함에게 하나님께서 나타나셔서 말씀하시지 않았는가? 하나님께서 말씀하신 대로 실현되는 생을 살다 간 믿음의 사람이 되지 않았는가?

야곱이라는 사람을 기억하는가? 아버지 이삭과 형 에서를 속여 아버지의 유산을 다 가로채려고 시도했던 불량한 인간이었다. 그는 음모가 발각되어 집을 뛰쳐나와 멀리 있는 친척 라반의 집으로 도피하던 중 광야 한복판에서 밤을 맞이하게 되었다. 어두운 광야에 홀로 버려진 야곱은 미래에 대한 불안과 오도가도 못할 도망자 신세가 되었다. 야곱은 돌멩이처럼 버려진 답이 없는 외로운 존재가 되었다. 그런데 바로 그 시간에 하나님께서 야곱에게 나타나셨다. 그리고 말씀하셨다.

"내가 너와 함께 있어 네가 어디로 가든지 너를 지키며 너를 이끌어 이 땅으로 돌아오게 할지라"(창세기 28장 15절)

한밤중에 도주하다가 외로운 광야의 돌멩이처럼 버려진 사기꾼 야곱에게, 그 어둡고 불안한 밤에 하나님이 나타나셨다. 그리고 예측할 수 없는 미래의 꿈을 주셨고, 또한 함께할 것을 약속하셨다.

하나님은 그 사람의 도덕성을 보시고 그곳에 오시는 것이 아니라 사람이 처한 참혹한 처지를 보시고 삶의 자리에 들어오신다. 성경은 하나님께서 사람에게 들어오신 생생한 기록을 담은 책이다.

하나님은 살인자로 쫓기며 평생을 숨어 지내던 인생 팔십 노인 모세에게 오셨다. 저물어가는 노을처럼 소망 없이 기울어져 가던 노인 모세에게 찾아오신 것이다. 그리고 이스라엘을 애굽의 속박에서 구출해 내야 하는 사명을 주셨다. 하나님은 모세를 떠나지 아니하시고 동행하시며, 위급한 상황마다 나타나셔서 말씀으로, 능력으로 문제를 풀어 해결하여 주셨다.

하나님께서 하나님의 사람들이 곤경에 처해 있을 때, 더 이상 방법이 보이지 않을 때마다 여러 가지 모양과 방법으로 나타나셔서 문제를 해결하여 주시고, 세계를 열어주신 사건의 기록이 성경이다.

오래 전 필자는 가난한 사람들이 모여 사는 시골 마을에서 목회를 시작하였다. 서너 명이 모이는 예배당은 옛날 토담집을 개조하여 사용하는 형편이었다. 목회를 시작한 지 1년 정도 되었을 때 교회가 부흥되어 예배당을 다시 지어야 할 필요를 느끼게 되었다. 준비된 돈은 없었다. 그래도 공사를 시작하기로 마음을 먹고 옛 건물을 다 부숴버렸다. 그리고 옆에 비닐 천막을 치고 예배 처소를 만들어 사용하였다.

낮에는 신학교에 가고 밤에는 일을 하였다. 내가 할 수 없는 것에만 기술자를 부르고 나머지는 내가 직접 공사를 진행하였다. 손이 부르터 글씨를 쓸 수 없을 정도였다. 수저로 밥을 먹을 수 없을 만큼 손이 상해 있었다. 몸으로 때우는 일은 그런 대로 할 수 있었다. 그러나 힘든 것은 돈이었다. 시멘트나 못 꼬챙이는 만들어 쓸 수 없지 않는가?

소식을 듣고 헌금해 주시는 믿음 좋은 분들이 있으면 공사가 진행되고, 그러지 않으면 공사가 중지되고 말았다. 기초 공사만 이룬 바닥에 시멘트 부대를 깔아 놓고 엎드려 날마다 밤에는 기도하고, 새벽이면 일어나 학교에 다니는 상황이었다.

11월 어느 날 새벽, 찬서리 내리는 밤하늘은 맑고 화창했다. 싸늘

한 한기를 느끼며 기도하다 일어나는 순간에 '내가 지금 무엇하고 있는 거지?' 갑자기 실망스러운 분노의 마음이 들기 시작하였다. 그리고 화가 치밀어 올랐다. 이렇게라도 살아야 하는가? 갑자기 하나님에 대한 회의가 밀려 왔다. 하늘을 쳐다보니 맑고 깨끗한 밤하늘에 별들이 밝게 빛을 발하고 있었다.

나는 질문했다. "하나님은 정말 계신 겁니까?" 잠시 후 내 영혼을 흔들어 놓는 하나님의 음성이 들려 왔다.

"그래, 네가 거기 있는 것이 내가 있는 증거가 아니겠느냐?"

몇십 년의 세월이 흐른 지금까지 나는 그날 그 새벽을 잊지 못한다. 내 생명의 존재의 근거가 되시는 하나님, 살아계신 하나님을 경험한 감동을 잊지 못한다. 내가 지금 여기 살아 숨 쉬고 있으니 하나님이 계신 증거란 말이다.

이 세상에는 하나님께서 직접 만나 주신 사람들이 부지기수이다. 당신이 하나님을 직접 체험하지 못했다고 하나님이 어디 있느냐고 항변할 수 있는가? 당신이 지금 거기에 살아 있음이 하나님이 계신 증거이다.

기도해 보라

기도가 하나님의 존재를 증명한다.

　1855년 43세의 나이로 세상을 마감한 우수의 철학자, 고독한 실존철학자 키에르케고르(Søren Kierkegaard, 1813-1855)는 이런 말을 하였다. "하나님에 관한 신앙이란 객관적 진리가 주체적 진리로 바꾸어질 때만 가능한 것이다."

　그렇다. 하나님에 관한 정보와 지식을 전적으로 성경에 의존하는 것이 기독교 신앙이다. 그러나 성경이 하나님의 말씀으로 인식되고 믿어지는 과정은 어떻게 가능하겠는가? 사람이 하나님의 말씀을 믿고 이해하는 것은 인간의 지성이나 지식 그리고 통찰력에 근거를 둔 것이 아니다.

한번은 예수님이 제자들에게 물으셨다. "세상 사람들이 나를 누구라 하느냐?" 제자들은 "세례(침례) 요한, 더러는 엘리야, 어떤 이는 예레미야나 선지자 중의 하나라 하나이다"라고 대답하였다.

예수님은 제자들에게 한 번 더 물으셨다. "너희는 나를 누구라 하느냐?" 이 질문을 듣고 머뭇거리는 제자들 중에 베드로가 나서서 대답하였다. "주는 그리스도시요 살아 계신 하나님의 아들이시니이다." 베드로의 대답을 들으신 예수님은 이렇게 말씀하셨다.

"바요나 시몬아 네가 복이 있도다 이를 네게 알게 한 이는 혈육이 아니요 하늘에 계신 내 아버지시니라"(마태복음 16장 17절)

예수님이 '살아 계신 하나님의 아들이요 그리스도'라는 신앙고백은 인간의 지성이나 지식이나 생각으로 말할 수 있는 것이 아니라, 하나님의 성령으로만 전적으로 가능함을 증언하는 말씀이다.

천지를 창조하시고, 그의 선하신 뜻을 따라 역사를 운영하시고 섭리하시는 하나님을 어떻게 경험할 수 있는가? 하나님의 실존을 구체적으로 경험할 수 있는 방법은 무엇인가?

바로 '기도'이다. 기도는 철저하게 개인적이며, 단독자로서 하나님을 만나는 경험적 사실이다. 하나님께 드리는 기도는 철저하게 하나님을 개인적으로 만나고 경험할 수 있는 유일한 방법이다.

하나님의 역사를 증언하는 성경 속 인물들은 모두 하나님을 기도로써 만나는 경험과 응답을 받은 사람들이었다. 기도는 철저하게 하나님과의 개인적 경험이며 신앙 사건이다. 호암 이병철 회장의 궁금했던 내용은 "왜 하나님은 자신의 존재를 사람들에게 드러내지 않는가?"였다.

답은 이렇다. 하나님은 하나님을 찾고 또 찾는 사람들에게 반드시 나타나신다. 하나님을 개인적으로 경험할 수 있는 확실한 방법은 하나님께 드리는 기도이다.

기도는 사람에 의해서 만들어진 신앙 과정이 아니다. 하나님께서 스스로 만드신 하나님의 방법이다. 하나님께서 사람을 만나서 대화하시고 인간의 고뇌와 사정을 들어 주시고 해결해 주시는 하나님의 방법이 기도이다. 하나님께서 사랑하는 사람을 만나기 위하여 정하신 방법이 기도이다.

하나님께서는 누구든지, 무엇이든지, 기도하면 듣겠다고 약속하셨다. 시편 65편 2절에 "기도를 들으시는 주여!"라는 말씀이 있다.

하나님께서 인간에게 약속하신 가장 감명 깊은 내용이 세 가지 있다. 첫째는 하나님은 나를 사랑하신다는 사실이다. 둘째는 하나님은 나를 구원하신다는 사실이다. 셋째는 하나님은 나의 기도를 들어 주신다는 사실이다.

지상에 살다가 때가 되면 세상을 떠나야 할 슬픈 존재, 사람들에게 약속하신 말씀 중 "내가 너희 기도를 듣겠다"는 하나님의 약속은 가장 큰 희망이요 위로이다. 하나님의 사랑과 약속은 세월이 가도 가도 변함이 없다.

하나님은 말씀하시기를 "나 여호와는 변하지 아니한다"(말라기 3장 6절)고 하셨다. 하나님께서 지상에 있는 사람을 사랑하시고 존귀히 여기시는 하나님의 방법 중의 하나가 '기도를 들으시겠다'는 약속이다. 하나님은 기도에 응답하심으로 하나님의 살아계심과 전능하심과 나를 사랑하심을 증명한다.

성경은 기도를 통해서 하나님을 만난 사람들의 이야기이다. 성경에 나타난 사람들 중에 하나님께 기도하지 않은 사람이 있는가? 전능하신 하나님, 사랑의 하나님을 인간이 어떻게 경험할 수 있을까? 오직 한 길, 믿음으로 기도하는 방법 외에는 다른 길이 없음을 성경은 증언한다.

> "믿음이 없이는 하나님을 기쁘시게 하지 못하나니 하나님께 나아가는 자는 반드시 그가 계신 것과 또한 그가 자기를 찾는 자들에게 상 주시는 이심을 믿어야 할지니라"(히브리서 11장 6절)

하나님께서는 누가 기도하든지, 무슨 기도를 하든지 기도를 들으셨다. 하나님의 속성은 기도를 들으신다는 것이다. 그리고 기도에 응답하심으로 하나님께서는 사랑과 능력을 나타내셨다. 지상에 살았던 위대한 사람들은 모두 기도를 통해서 하나님을 만났고, 기도에 응답받았던 사람들이다.

하나님은 아브라함의 기도를 들으시고 불로 심판받아야 할 소돔성에서 조카 롯을 건져 주셨다.

"하나님이 그 지역의 성을 멸하실 때 곧 롯이 거주하는 성을 엎으실 때에 하나님이 아브라함을 생각하사 롯을 그 엎으시는 중에서 내보내셨더라"
(창세기 19장 29절)

멸망과 심판으로 영원히 망할 사람도 누군가의 기도로 구원받을 수 있다는 말이다.

하나님은 기도를 들으시는 분이다. 하나님께서는 엘리야의 기도를 들으셨다. 기도를 들으신 하나님은 죽은 자를 살리셨고 하늘에서 불을 내리셨다. 3년 6개월의 가뭄에 온 대지가 메말라 폐허가 되어 갈 때 엘리야의 기도를 듣고 비를 내리셨고 그를 하늘로 데려가셨다.

하나님께서는 포로로 잡혀갔던 다니엘의 기도를 듣고 느부갓네살 왕의 꿈을 풀어주셨고, 굶주린 사자들에게 찢겨 죽어야 할 위기에서 포악한 사자들의 입을 막으셨다. 하루 세 번씩 시간을 정해 놓고 하나님께 기도했던 다니엘의 생명을 굶주린 사자들의 입에서 지켜주셨다. 또한 그의 세 친구들을 불꽃 가운데서 지키시고 보호해 주셨다. 기도 시간에 하나님이 오신다.

모세는 인생 팔십 세에 하나님의 부름을 받았다. 어떻게 연로한 몸으로 당대의 최고 권력자 바로를 상대하여 대결할 수 있었겠는가? 모세로서는 그 일을 감당할 수 있는 사람이 아니었다. 모세는 이미 80 노인으로 무기력한 사람이었지만 그러나 모세가 할 수 있었던 일은 오직 기도뿐이었다.

모세의 기도는 바로의 세력을 굴복시켰고, 홍해 바다를 육지같이 건너게 했으며, 죽은 메마른 땅 사막에서 40년 동안을 백성들의 필요를 채워주고, 먹이고, 입히고, 생존할 수 있도록 기적을 나타냈다. 모세가 죽음의 메마른 땅 광야를 통과하는 유일한 방법은 기도였다. 기도는 하나님을 직접 경험할 수 있는 하나님의 방법이다.

하나님께서 약속하신 땅 가나안을 점령해 들어갈 때 여호수아는 아모리 사람들과 전투 중에 있었다. 여호수아가 태양이 머무르도록 기도하였다. 여호수아 10장 13절에 "태양이 머물고 달이 멈추기를 백성이 그 대적에게 원수를 갚기까지 하였나이다"라고 기록되었다. 기도는 우주의 질서와 법칙까지 초월하여 응답하시는 하나님의 방법이다.

예레미야가 기도했고, 이사야 선지자가 기도했다. 누구든지 하나님의 사람이 되는 방법이 있다. 종교적인 행위로써가 아니라 하나님께서 들으시는 기도를 통해서이다. 역사 속에서 하나님의 실존을 강력히 경험했던 사람들은 모두 기도하는 사람들이었다.

하나님께서 이 세상에 사람으로 들어오셔서 사람과 함께 사셨다. 그분이 예수님이다. 예수님이 보신 세상은 수고하며 무거운 짐을 지고 살아가는 고달픈 세상이요, 불안하고 힘겨운 세상이었다. 불확실한 세상을 힘겹게 살아가는 고달픈 사람들에게 예수님은 문제의 해결책을 말씀하셨다.

문제의 해법은 기도였다. 기도는 인생사의 모든 고통과 걱정과 근심을 해결하는 하나님의 방법이다. 기도는 불신앙과 무신론 그리고 세상과 인간의 회의주의에 대한 유일한 해결책이다.

성경이 가르쳐 주는 기도는 우리가 먼저 하나님께 나아가 애원하는 것이 아니다. 성경의 기도는 하나님께서 먼저 우리에게 기도하면 들으시겠다고 약속하신 것이다. 기도는 인생과 세상 문제를 풀어내는 유일한 하나님의 해법이다.

"아무것도 염려하지 말고 다만 모든 일에 기도와 간구로, 너희 구할 것을 감사함으로 하나님께 아뢰라 그리하면 모든 지각에 뛰어난 하나님의 평강이 그리스도 예수 안에서 너희 마음과 생각을 지키시리라"(빌립보서 4장 6-7절)
"예수께서 그들에게 항상 기도하고 낙심하지 말아야 할 것을 비유로 말씀하여"(누가복음 18장 1절)

기도는 우리가 원하는 것을 하나님으로부터 얻는 하나님의 방법이다.

"너희가 얻지 못함은 구하지 아니하기 때문이요"(야고보서 4장 2절)

사람이 하나님을 만나는 유일한 방법은 기도이다. 다투고 싸우며 갈등과 계략으로 얻는 것은 그리스도인이 필요한 것을 얻는 하나님의 방법이 아니다. 그리스도인은 기도함으로 얻는다. 우리가 얻지 못함은 일을 하지 않음도 아니요, 우리가 계획하고 노력하지 않음도 아니요, 다만 우리가 기도하지 않기 때문임을 성경은 말하고 있다.

기도는 우리가 필요한 것을 하나님으로부터 얻는 하나님의 방법이다. 걱정과 근심에서 해방되어 평안과 기쁨으로 세상을 살아가는 하나님의 방법은 문제를 하나님께 맡기고 기도하는 것뿐이다.

"너희 염려를 다 주께 맡기라 이는 그가 너희를 돌보심이라"(베드로전서 5장 7절)
"네 짐을 여호와께 맡기라 그가 너를 붙드시고 의인의 요동함을 영원히 허락하지 아니하시리로다"(시편 55편 22절)
"이 곤고한 자가 부르짖으매 여호와께서 들으시고 그의 모든 환난에서 구원하셨도다"(시편 34편 6절)

인생 문제를 해결해 주시는 하나님의 처방책은 기도였다. 하나님께 기도하여 응답된 결과는 불신앙과 현실주의와 회의주의에 대한 유일한 방편이 된다.

기도를 들으시고 기도에 응답하시는 하나님은 세상과 인간의 문제를 해결하시는, 살아계신 하나님이심을 증언하는 가장 확실한 방법이다. 기도에 대한 응답만큼 하나님이 살아계신 분이며 전능하신 분이며 나를 사랑하시는 분임을 확증할 수 있는 다른 길은 없다.

만약 이병철 회장이 "하나님은 정말 살아 계신 분인가?"라고 질문하였을 때 누군가 함께 기도하며 기도를 가르쳐 주었더라면 어떻게 되었을까?

기도는 하나님의 살아 계심을 경험할 수 있는 최고의 기회이다. 기도는 하나님의 전지전능하심을 믿는 믿음의 진리로 이끌어 주는 강력한 방법이다. 기도는 하나님께서 나를 지극히 사랑하시는 사랑의 하나님이심을 믿도록 인도하는 기회가 된다.

기도는 소리를 크게 지를 필요가 없다. 다른 사람들이 하는 기도를 흉내 낼 필요도 없다. 기도는 유창하게 하지 않아도 된다. 하나님은 이미 마음의 소원과 사정과 형편을 다 알고 계신다. 누가 기도하든지, 기도는 하나님께서 듣겠다고 약속하신 하나님의 은혜이다.

"내게 오는 자는 내가 결코 내쫓지 아니하리라"(요한복음 6장 37절)

예수님이 하신 말씀이다.

"내 이름으로 무엇이든지 내게 구하면 내가 행하리라"(요한복음 14장 14절)

세상 천지에 이런 약속이 어디에 있는가? 살아온 세월도 묻지 않는다. 배움도 경력도 인물도 과거도 묻지 않는다. 오직 예수 이름으로 무엇이든지 기도하면 하나님께서 행하신다는 약속이다.

기도는 사상도 철학도 이념도 아니다. 기도는 사람 들으라고 하는 종교적 행위도 형식도 아니다. 기도는 교제도 아니다. 기도는 겸손도 아니다. 기도는 하나님께 무엇을 구하는 것이다. 기도는 필요한 것을 하나님으로부터 받아내는 것이다.

주부가 시장에서 필요한 물건을 살 때 시를 읊지 않는다. 걸인이 필요한 음식이나 몇 푼의 금전을 구할 때 구름의 아름다움이나 황혼에 대해 언급하지 않는다. 필요한 것을 요청하여 받아내는 것뿐이다. 기도는 내게 필요한 것을 하나님으로부터 받는 유일한 방법이다.

응답된 기도는, 기도를 들으시는 살아계신 하나님을 증명하는 기회이다. 기도는 무신론과 불신앙과 회의주의와 의심에 대한 해독제이다. 기도를 통하지 않고는 하나님의 특별한 은혜를 받을 길이 없다. 기도해야 하는 이유를 기억하라. 기도는 '하나님의 강력한 요청'이다.

- 기도는 사람이 원하는 것을 하나님께 얻는 하나님의 방법이다.
- 기도는 하나님의 은혜를 경험할 수 있는 하나님의 지정로이다.
- 기도는 인생과 세상의 모든 고통의 출구요, 걱정과 근심과 염려를 치료하고 해결하는 하나님의 처방이다.
- 기도는 모든 불신앙과 무신론, 회의주의, 과학주의에 대한 유일한 해결책이다.

- 기도는 하나님의 뜻을 위해 성령의 능력을 받는 유일한 길이다.
- 기도는 하나님의 말씀인 성경이 사실임을 증명하는 길이다.

"기도를 들으시는 주여 모든 육체가 주께 나아오리이다"(시편 65편 2절)

하나님이 살아계신 강력한 증거는 기도를 통하여 응답하신다는 것이다. 그때 이병철 회장에게 기도를 가르쳐 주었더라면…. 기도는 하나님의 살아계심을 경험하는 강력한 기회이다.

악인의 종말을 보라

*악인이 잘되고 의인이 망한다면
하나님이 안 계신 증거이다.
아니면 하나님은 불의한 분이시거나
무기력한 하나님이시든지.

그러나 반드시 불의는 망한다.
왜냐하면 하나님은 의로우신 분으로,
마지막 날 인간과 역사를 심판하시기 때문이다.*

삼성 창업주 이병철 회장은 세상을 떠나기 전에 질문했다.

신은 정말 존재하는가?
존재한다면 왜 자신을 드러내지 않는가?

운동 경기에는 반드시 심판이 있다. 옳고 그른 것을 판단해 주는 심판에 의해서 갈등이 해결되고 경기는 끝까지 진행된다. 사람 살아가는 곳에는 옳고 그른 것을 판단해 주는 판단자가 반드시 필요하다. 인간 사회의 갈등을 공정하게 판단해 주는 심판자가 반드시 있을 때 그 사회는 정의로운 사회가 될 것이다.

"신(하나님)은 존재하는가? 존재한다면 왜 자신을 드러내지 않는가?" 호암 이병철 회장의 이 질문은 인생과 역사를 풀어내는 해답이 될 것이다.

하나님에 관한 정보와 기록은 성경에 의존할 수밖에 없다. 왜냐하면 하나님에 관한 기록서는 지상 역사 안에서 유일하게 성경뿐이기 때문이다. 성경에 기록된 하나님은 누구신가? 크게 네 가지로 소개되고 있다.

하나님은 창조자이시다

성경의 시작은 하나님께서 우주 만물의 창조자이심을 밝히고 있다. 창세기 1장 1절에 "태초에 하나님이 천지를 창조하시니라"고 하였다.

성경은 하나님의 존재를 증명하려고 쓰여진 책이 아니다. 성경은 하나님께서 사람을 사랑하신 사랑에 관한 기록이다. 하나님은 인간의 생각에 관계없이 하나님의 계획에 따라 역사를 만들고 진행하시는 분이다.

성경에 계시된 하나님은 우주 만물의 창조자로 존재하시는 분이다. 성경은 창조라는 단어의 의미를 3가지로 표현하고 있다.

먼저, '바라'라는 창조를 의미하는 단어가 있다. 없는 것을 있게 하는 창조, 무(無)에서 유(有)로, Nothing에서 Something으로의 창조를 말한다. 이 창조의 역사는 하나님만 하실 수 있는 창조이다.

그다음 유(有)에서 유(有)로의 창조 행위다. 이 단어는 '아사'라는 말로 표현된다.

마지막으로, 사람을 창조하시는 창조의 의미로 '야찰'이라는 단어를 사용했는데, 어떤 형상을 모델로 놓고 작업한다는 의미이다. 하나님은 만물과 생명을 있게 하신 창조자이다. 기독교는 하나님을 만물의 창조자로 믿는다.

하나님은 섭리자이시다

하나님은 철저하게 목적을 가지고 활동하신다. 이 세상과 만물은 창조자이신 하나님의 계획과 뜻에 따라 진행된다.

신약성경 마태복음 10장 29-31절에 기록된 예수님의 말씀이다.

"참새 두 마리가 한 앗사리온에 팔리지 않느냐 그러나 너희 아버지께서 허락하지 아니하시면 그 하나도 땅에 떨어지지 아니하리라 너희에게는 머리털까지 다 세신 바 되었나니 두려워하지 말라 너희는 많은 참새보다 귀하니라"

세상에 있는 하찮은 미물까지도 모두 다 하나님의 계획과 뜻이 담겨 있다는 말이다. 세상에 존재하는 모든 생물과 식물과 광물들 그 어느 것 하나도 뜻 없이, 목적 없이 존재하고 있는 것이 아니란 말이다.

"오늘 있다가 내일 아궁이에 던져지는 들풀도 하나님이 이렇게 입히시거든 하물며 너희일까 보냐 믿음이 작은 자들아"(마태복음 6장 30절)

이 세상에 존재하는 모든 만물은 하나님의 뜻이 담겨 있는 고귀한 존재들이다. 하나님의 뜻이 담겨 있는 소중한 것들이다. 이 세상에 존재하는 모든 만물은 하나님의 계획과 뜻이 담겨 있을 뿐만 아니라 하나님의 계획에 의해서 존재하고 있다는 의미이다.

구약성경 예레미야 29장 11절에 인간을 향한 하나님의 계획과 목적을 기록한 말씀이 있다.

"여호와의 말씀이니라 너희를 향한 나의 생각을 내가 아나니 평안이요 재앙이 아니니라 너희에게 미래와 희망을 주는 것이니라"

그렇다! 내게는 하나님의 목적과 계획이 담겨 있음을 믿어야 한다. 하나님을 섭리자라고 믿는 이유가 여기에 있다.

하나님은 구원자이시다

인간은 모두 구원받아야 할 존재로 성경은 규정한다. 사람이 이 세상에 살아있는 동안 반드시 해야 할 일이 있다. 그것은 구원받는 일이다. 인간이 이 세상에 살아 있는 동안 행복할 수도 있고 불행할 수도 있다. 잘 될 수도 있고 안 될 수도 있다. 오래 살 수도 있고 그렇지 않을 수도 있다. 무슨 일을 하든, 어디에 살든, 어떻게 살든, 인간으로 존재하고 있다면 이 세상에서 반드시 일어나야 할 사건이 하나 있다. 그것은 구원받는 일이다.

인간이 이 세상에 태어난 것은 구원을 받기 위해서이다. 왜냐하면 이 세상에 살아 존재하고 있는 동안 구원을 받지 못한다면 가장 불쌍한 자로 의미 없는 허망한 존재이기 때문이다.

세상 부귀영화를 모두 누렸던 지혜의 왕 솔로몬의 마지막 인생 고백을 들어보자.

"전도자가 이르되 헛되고 헛되며 헛되고 헛되니 모든 것이 헛되도다 해 아래에서 수고하는 모든 수고가 사람에게 무엇이 유익한가 한 세대는 가고 한 세대는 오되 땅은 영원히 있도다 해는 뜨고 해는 지되 그 떴던 곳으로 빨리 돌아가고 바람은 남으로 불다가 북으로 돌아가며 이리 돌며 저리 돌아 바람은 그 불던 곳으로 돌아가고"(전도서 1장 2-6절)

세상의 좋은 것을 다 누리고 살아 왔던 왕이 마지막 순간에 외친 탄식은 "인생은 즐겁고 멋있고 살아볼 만한 멋진 세상이었노라"는 말이 아니었다. 오히려 콧김과 같이 잠시 있다가 사라져 버리는 의미 없는 세상이요, 허무한 세상이었노라고 인생 허무가를 부르며 저쪽 세상으로 홀로 떠나가는 나그네였을 뿐이다.

이 세상에서 사람이 살아있는 동안 해야 할 가장 중요한 일은 구원받는 일임을 성경은 기록하고 있다. 하나님의 모든 활동은 바로 나를 죄와 사망 그리고 심판에서 구원하시기 위한 역사이다. 성경의 하나님은 구원자이시다.

"하나님은 예로부터 나의 왕이시라 사람에게 구원을 베푸셨나이다"
(시편 74편 12절)

하나님은 심판자이시다

하나님이 살아계신가? 하나님이 살아계신 증거는 무엇인가? 이에 대한 또 하나의 대답은 하나님은 심판자라는 사실이다. 성경은 하나님이 심판자이심을 선언하고 있다. 하나님은 세상에 살았던 모든 사람을 일일이 심판하시는 분으로 성경은 기록하고 있다.

신약성경 히브리서 9장 27절에 "한 번 죽는 것은 사람에게 정해진 것이요 그 후에는 심판이 있으리니"라고 하였다.

또한 신약성경 요한계시록 20장 12, 13, 15절 말씀이다.

"죽은 자들이 자기 행위를 따라 책들에 기록된 대로 심판을 받으니"(12절)
"각 사람이 자기의 행위대로 심판을 받고"(13절)
"누구든지 생명책에 기록되지 못한 자는 불못에 던져지더라"(15절)

역사의 최후 끝자락에는 세상에 살았던 모든 사람들에게 심판이 있음을 예고한다. 심판자는 누구인가? 바로 이 세상과 인간 삶을 시작하신 하나님이 심판자이심을 성경은 계시하고 있다.

심판의 자리에 서는 것은 내 의지와는 아무 상관이 없다. 심판자의 의도와 판단일 뿐이다. 심판자는 옳은 것과 그른 것, 정의와 불의, 그리고 선과 악의 표준을 가지고 있어야 한다. 인간과 세상 그리고 역사를 심판하는 이는 하나님이시다.

하나님은 심판자이시다. 이 역사 안에 살았던 모든 사람들은 한 사람도 빠짐없이 하나님의 심판대 앞에 서야 한다. 심판대에 서는 것은 내 의지와는 상관이 없다. 그리고 하나님의 판결에 따라 지옥과 천국으로 나누어진다.

신약성경 마태복음 25장을 '종말장'이라고 한다. 여기에 마지막 역사의 날에 있을 심판 사건이 기록되어 있다.

기름을 준비한 처녀와, 기름을 준비하지 못하여 신랑을 맞이하지 못한 처녀들의 이야기가 상징적으로 기록되어 있다. 사람의 마지막 날에는 반드시 심판이 있음을 성경은 말하고 있다.

또 하나의 말씀은, 주인으로부터 받은 달란트를 잘 활용해서 이익을 남겨 주인이 돌아왔을 때 내어놓은 충성된 종이 있었다. 이에 반하여 주인으로부터 받은 달란트를 땅 속에 묻어두었다가 그대로 내어놓은 종은 악하고 게으른 종이라 책망받고 버림받았다는 이야기이다.

성경은 인간의 마지막 시간에는 하나님의 심판이 있음을 강력하게 시사한다.

하나님의 심판은 에덴동산에서, 하나님을 배신한 태초의 인간으로부터 시작된다. 하나님의 뜻을 저버린 인간에게 내려진 심판은 에덴동산에서 쫓겨나 가시덤불과 엉겅퀴 속에서 살아야 할 고통과 고생과 고난의 자리로 추방당하는 것이었다. 뿐만 아니라 살다가 때가 되면 흙으로 돌아가야 할 죽음의 심판을 받게 된다.

"땅이 네게 가시덤불과 엉겅퀴를 낼 것이라"(창세기 3장 18절)
"너는 흙이니 흙으로 돌아갈 것이니라"(창세기 3장 19절)

인류 최초의 살인 사건은 형제간에 일어났다. 그것도 하나님께 제사를 드리는 자리에서였다. 가인이 아벨을 돌로 쳐 죽인 것이다. 하나님께서 심판하셨다. 창세기 4장 12절에 "네가 밭을 갈아도 땅이 다시는 그 효력을 네게 주지 아니할 것이요"라는 판결이었다.

사람이 사람에게 죄를 범하여도 심판하는 이는 하나님이시다.

하나님께 범죄하였던 아담에게는 "너는 네 평생에 수고하여야 그 소산을 먹으리라"(창세기 3장 17절)고 판결하셨다. 그래도 고생은 하지만 노력한 대가를 약속하셨다. 그러나 동생을 때려죽인 가인에게 내린 하나님의 심판은, 땀을 흘리고 노력해도 소출이 없는 절망스러운 판결이었다.

성경은 하나님이 인생과 역사의 심판자이심을 증언하고 있다.

창세기 6장 5절에 "여호와께서 사람의 죄악이 세상에 가득함과 그의 마음으로 생각하는 모든 계획이 항상 악할 뿐임을 보시고"라고 하였다. 하나님은 세상과 인간의 삶을 보고 계신다. 하나님은 불의한 세상과 인간을 심판하신다.

"하나님이 보신즉 땅이 부패하였으니 이는 땅에서 모든 혈육 있는 자의 행위가 부패함이었더라"(창세기 6장 12절)

하나님은 사람 사는 세상을 지켜보고 계신다. 아직 아무 일도 일어나지 않는 이유는 기다리시는 하나님의 자비하심 때문이다.

불의한 사람이 끝까지 잘되고, 불법을 행한 사람이 끝까지 잘된다면, 하나님이 불의한 분이시거나 안 계신 증거이다. 그러나 불의와 죄악은 사람이든 역사든 반드시 심판을 받는다. 마지막 날에는 반드시 심판이 있다. 심판은 하나님이 살아계신 증거이며, 하나님이 의로운 분이심을 하나님 스스로 나타내시는 계시적 사건이다.

하나님은 인간 세상의 불의와 죄악을 보고 계신다. 지금 심판이 잠깐 보류되고 있을 뿐이다. 오래 참으시고 기다리시는 하나님의 자비로운 은혜로 인간의 역사가 지탱되고 있다.

그러나 오래 참으시지만 끝까지 참으시지는 않는다.

죄를 범한 아담과 하와가 하나님의 심판을 받았다. 불의한 노아 시대를 홍수로 심판하셨다. 죄악의 도성 소돔과 고모라를 불로 심판하셨다. 하나님은 죄와 불의를 심판하신다. 하나님은 심판자이시다.

하나님이 살아계신 증거가 무엇이냐고 물어보자. 그것은 하나님의 심판에서 나타난다. 불의한 자는 반드시 망하고, 의로운 자는 반드시 승리한다. 죄를 범한 자는 반드시 망하고, 의를 행한 자는 반드시 복을 받는다.

불의를 행했던 사울 왕은 비참하게 죽었다. 의를 따라 살았던 다윗은 큰 복을 받았다. 그러한 다윗이 하나님의 영감을 받아 하나님을 노래하고 찬양하는 글을 썼다. 시편 1편 4-6절 말씀이다.

악인들은 그렇지 아니함이여
오직 바람에 나는 겨와 같도다
그러므로 악인들은 심판을 견디지 못하며
죄인들이 의인들의 회중에 들지 못하리로다
무릇 의인들의 길은 여호와께서 인정하시나
악인들의 길은 망하리로다

악인들은 반드시 심판을 받고 망한다. 하나님의 말씀이다. 의인들은 반드시 의로운 보상을 받고, 시냇가에 심긴 나무처럼 시절을 따라 열매를 맺고 복을 받는다. 이것이 하나님이 살아계셔서 인간 역사를 주도하시는 증거이다.

억울하고 분해도 조금만 기다려라. 선과 악을 판단하는 심판자가 하나님이시다. 반드시 악인은 망하고 의인은 승리한다. 이것이 하나님이 살아계신 증거이다. 다시 한번 말씀을 읽어보자.

"무릇 의인들의 길은 여호와께서 인정하시나 악인들의 길은 망하리로다"
(시편 1편 6절)

성경을 보라

성경은 하나님의 존재를 증명한다.

　세상을 떠나야 하는 죽음의 시간이 다가옴을 예측한 이병철 회장의 질문은 신의 존재에 관한 것이었다. "하나님이 계시다면 왜 하나님 자신을 인간 세계에 똑똑히 드러내 보이지 않는가?"

　하나님은 하나님 자신을 인간 세계에 여러 가지로 드러내 보이셨다. 하나님이 하나님 자신을 확실하고 정확하게 드러내 보이신 것은 성경을 통해서이다.

　성경은 하나님이 누구이며, 무엇을 하셨으며, 또 왜 그렇게 하셨는지 또한 그렇게 행하신 목적과 이유는 무엇인지를 일점일획도 틀림없는 문자로 기록하여 지상에 살고 있는 인간들에게 허락하신 책이다.

성경은 역사 안에 존재하는 인간들을 위한 하나님의 계획과 활동을 기록한 하나님의 책이다.

사람의 생각이 본인에 의해서만 표현될 수 있는 것처럼 하나님의 생각도 오직 하나님 자신의 표현에 의해서만 나타난다. 성경은 인간이 하나님을 찾는 노력에 관해서 기록한 것이 아니라, 오히려 하나님께서 인간 역사 안에 들어오셔서 사람을 사랑하시고 구원하시는 하나님의 활동에 관한 기록이다. 하나님에 관한 가장 정확한 정보는 인간 세계에 허락하신 오직 하나의 책 성경뿐이다.

"성경이 왜 하나님의 말씀인가?" 이 질문에 대한 답은 이렇다. 성경이 하나님의 말씀인 이유는 인간 안에서, 인간에 의해서, 인간을 위해서 하나님이 성령의 감동으로 말씀하신 기록이기 때문이다.

이병철 회장이 "하나님은 왜 자신의 존재를 똑똑히 드러내 보이지 않는가?"라는 질문을 하였다. 하나님은 성경을 통해서 하나님 자신을 스스로 똑똑히 드러내 보이셨다. 그러므로 하나님에 관한 모든 정보와 지식은 오직 성경에 의존하는 것이 기독교 신앙이다.

하나님은 인간이 연구하고 생각하고 공부해서 찾아내는 존재가 아니다. 그럴 수도 없다. 오히려 하나님은 인간이 찾아 만나는 대상이 아니라, 하나님 자신이 스스로 사람을 찾아오셔서 여러 가지 방법으로 또는 개별적으로 만나셨다.

하나님께서 스스로 사람이 되어 인간 역사 안으로 들어오셔서 하나님 자신의 정체를 자신의 방법으로 폭로하신 사건의 기록이 성경이다. 그러므로 하나님에 관한 가장 정확한 정보와 지식은 오직 성경을 통해서 알 수 있다.

성경은 하나님께서 하나님 자신의 존재 방식과 목적과 활동을 일점일획도 틀림없이 기록하신 책이다. 그러므로 성경을 통하지 않고는 하나님에 관해서, 예수 그리스도에 관해서, 그리고 인간과 역사와 미래에 관해서 알 수 있는 방법이 전혀 없다.

하나님께서 하나님 자신을 역사 안에서 드러내신 계시의 방법으로, 누구나 보고 들을 수 있는 역사적 사건으로서의 말씀 계시가 있다. 또한 하나님의 목적에 따라 개인에게 나타나셔서 말씀하시고 보여주신 경험적 구체적 계시가 있다.

이병철 회장이 '하나님의 존재'에 관한 질문을 하였다. "하나님은 왜 자신의 존재를 똑똑히 나타내 보이지 않는가?" 아니다. 하나님이 살아계신 증거는, 하나님 자신에 대하여 기록하신 성경이 증언하고 있다.

"성경대로 그리스도께서 우리 죄를 위하여 죽으시고 장사 지낸 바 되셨다가 성경대로 사흘 만에 다시 살아나사 게바에게 보이시고 후에 열두 제자에게와 그 후에 오백여 형제에게 일시에 보이셨나니… 맨 나중에 만삭되지 못하여 난 자 같은 내게도 보이셨느니라"(고린도전서 15장 3-8절)

하나님이 살아계신 확실한 증거는 성경에 나타나 있다.

"모든 성경은 하나님의 감동으로 된 것으로"(디모데후서 3장 16절)
"예언(성경)은 언제든지 사람의 뜻으로 낸 것이 아니요 오직 성령의 감동하심을 받은 사람들이 하나님께 받아 말한 것임이라"(베드로후서 1장 21절)

성경은 하나님께서 인간을 구원하시기 위해 기록한 하나님의 계획서이다. 인간을 구원하고자 하는 이유는 하나님께서 인간을 사랑하시기 때문이다.

하나님을 만나는 유일한 방법은 무엇인가? 오직 성경을 통해서이다. 하나님은 성경 속에 자신을 명백하게 드러내셨다. 성경이 아닌 다른 방법으로 만난 하나님을 이야기하는 사람을 경계하라.

성경이 하나님의 말씀인 이유는 성경이 예수 그리스도를 증거하고 있기 때문이다.

"너희가 성경에서 영생을 얻는 줄 생각하고 성경을 연구하거니와 이 성경이 곧 내게 대하여 증언하는 것이니라"(요한복음 5장 39절)

성경은 예수님에 관해서 기록하고 있다. 예수님을 통한 인간의 구원 역사를 기록한 책이 성경이다. 하나님께서 인류에게 주신 최고의 선물이 바로 성경이다. 성경이 살아계신 하나님을 증거하고 있다. 성경만이 인간이 구원받아야 할 존재라는 사실과 구원받는 방법에 대해 가르쳐 준다.

오직 믿기만 하라

믿음으로 하나님의 존재를 증명한다.

호암 이병철 회장은 인류가 묻고 있는 이 질문을 마지막 순간에 던졌다. 그렇다. 인간은 질문해야 한다. "하나님은 어디 계신가? 그리고 하나님을 알 수 있는 방법은 무엇인가?"

하나님을 알 수 있는 방법을 증언하고자 한다. 하나님을 알 수 있는 방법이 있다. 하나님의 존재를 의심 없이 경험할 수 있는 유일한 길이 있다. 그것은 오직 믿음이다. 하나님은 하나님 자신을 만물을 통해서 분명하게 드러내 보이셨다.

특히 하나님께서 하나님 자신을 똑똑하게 내보이신 계시와 수단이 바로 성경이다. 하나님은 성경을 통하여 하나님 자신에 관한 모든 정보와 실체와 내용을 계시하셨다. 어떻게 하나님을 알 수 있는가?

성경이 요구하는 것은 오직 한 가지뿐이다. '믿으라'이다. 하나님은 지식의 대상이 아니라 믿음의 대상이다. 하나님을 알고 있다 할지라도 믿지 않으면 무효이다. 하나님께서 계시해 주신 성경은 오직 믿음으로만 이해되고 믿음으로만 알 수 있는 내용이다.

하나님께서 성경을 통하여 인간에게 요구하시는 하나님의 요청은 "오직 믿으라"는 말씀이다. 하나님은 인간이 믿어야 할 오직 한 분뿐임을 성경은 증거하고 있다. 성경은 믿음으로만 이해되는 책이다. 하나님을 알 수 있는 방법은 오직 믿음으로만 가능하다. 신약성경 히브리서 11장 3절 말씀이다.

"믿음으로 모든 세계가 하나님의 말씀으로 지어진 줄을 우리가 아나니 보이는 것은 나타난 것으로 말미암아 된 것이 아니니라"

성경은 알고 믿는 것이 아니라 먼저 믿음으로 말미암아 진리를 알고 경험하는 세계에 들어가도록 짜여진, 하나님께서 기록하신 말씀이다. 히브리서 11장 6절 말씀이다.

"믿음이 없이는 하나님을 기쁘시게 하지 못하나니 하나님께 나아가는 자는 반드시 그가 계신 것과 또한 그가 자기를 찾는 자들에게 상 주시는 이심을 믿어야 할지니라"

하나님께서 성경을 통하여 말씀하신다. 하나님께서 인간에게 요구하시는 요청이 있다. '믿으라'는 말씀이다.

하나님께서 인간을 창조하시고 삶의 방식을 세우셨다. 동물과 달리 인간에게만 부여하신 삶의 방식은 믿음으로 살도록 허락하신 것이다. 동물은 본능과 충동으로 살도록 지음 받았다. 그러나 사람은 자유와 믿음으로 살도록 허락받은 존재이다.

어린아이가 태어나서 성장하는 동안 엄마 아빠를 부르는 것은 믿음으로 부르지, 알고 부르는 것이 아니다. 엄마와 DNA가 일치한다고 실험실에서 증명이 나와야 엄마라고 부르는 아이가 어디에 있는가? 하나님께서 사람을 창조하실 때 생존의 방식을 '믿음'에 두셨다.

동물은 충동과 본능으로 살아가는 존재이지만, 사람은 믿음으로 살도록 지음 받은 존재이다. 사람이 세상을 살아가는 삶의 방식은 바로 믿음이다. 사람이 살아가는 모든 사회와 역사의 구조는 오직 믿음이 기초가 되고, 믿음이 기반이 될 때 정상적으로 작동이 된다. 그러므로 하나님은 먼저 믿음을 요구하신다.

구약성경에는 하나님께서 하나님 자신을 스스로 나타내심으로, 하나님을 경험한 사람들이 수도 없이 등장한다. 하나님께서 왜, 어떻게 이런 사람들에게 나타내셨을까? 어떻게 하나님의 기적이 나타나고, 고난을 견디고 사람의 언어로 도저히 표현할 수 없는 사건들이 나타났을까? 성경은 답한다. 오직 믿음으로만 가능했다고.

아벨은 어떻게 가인보다 더 나은 제사를 하나님께 드렸을까? 성경은 답한다.

"믿음으로 아벨은"(히브리서 11장 4절)

에녹이 죽음을 보지 않고 하늘나라로 옮겨진 이유가 무엇일까? 성경은 답한다.

"믿음으로 에녹은"(히브리서 11장 5절)

노아는 아직 보지 못하는 일에 어떻게 방주를 예비하였을까? 성경은 답한다.

"믿음으로 노아는"(히브리서 11장 7절)

아브라함이 부름을 받았을 때 어떻게 갈 바를 알지 못하고 떠났을까? 성경은 답한다.

"믿음으로 아브라함은"(히브리서 11장 8절)

사라는 나이 늙어 단산하였으나 어떻게 잉태하는 힘을 얻었을까? 성경은 답한다.

"믿음으로 사라 자신도"(히브리서 11장 11절)

이삭은 어떻게 장차 있을 일에 대하여 야곱과 에서에게 축복하였을까? 성경은 답한다.

"믿음으로 이삭은"(히브리서 11장 20절)

야곱이 죽을 때 어떻게 요셉의 두 아들에게 축복하였을까? 성경은 답한다.

"믿음으로 야곱은"(히브리서 11장 21절)

요셉은 임종 시에 어떻게 이스라엘 자손들이 떠날 것과 자기 뼈에 대하여 유언할 수 있었을까? 성경은 답한다.

"믿음으로 요셉은"(히브리서 11장 22절)

모세가 태어났을 때 어떻게 그 부모가 석 달 동안 숨겨 생명을 지킬 수 있었을까? 성경은 답한다.

"믿음으로 모세가 났을 때에"(히브리서 11장 23절)

모세는 어떻게 바로의 공주의 아들이라 칭함 받기를 거절하고 하나님의 백성과 함께 고난 받기를 더 좋아했을까? 성경은 답한다.

"믿음으로 모세는 장성하여"(히브리서 11장 24절)

이스라엘 백성은 어떻게 출애굽하여 가나안 땅을 정복할 수 있었을까? 성경은 답한다.

"믿음으로 애굽을 떠나"(히브리서 11장 27절)
"믿음으로 유월절과 피 뿌리는 예식을 정하였으니"(히브리서 11장 28절)

"믿음으로 그들은 홍해를 육지 같이 건넜으나"(히브리서 11장 29절)
"믿음으로 칠 일 동안 여리고를 도니 성이 무너졌으며"(히브리서 11장 30절)
"믿음으로 기생 라합은 정탐꾼을 평안히 영접하였으므로"(히브리서11장31절)

하나님께서 역사하시는 시간은 믿음의 사람이 있을 때였다. 히브리서 11장 38절 말씀이다.

"이런 사람(믿음이 있는 사람)은 세상이 감당하지 못하느니라"

하나님께서 행하시고자 하는 일은 그의 택하신 자녀들을 죄와 사망과 심판에서 구원하시는 일이다. 그리고 구원받은 자녀들과 함께 영원한 하나님의 나라를 설립하는 것이 하나님께서 역사를 진행해 가시는 목적이다.

사람을 죄(로마서 3장 23절)와 죽음(로마서 6장 23절)과 심판(히브리서 9장 27절)에서 구원하기 위해서 이 지상 역사 안에 들어오신 분이 예수 그리스도이다. 예수님이 죄와 슬픔이 있는 이 세상에 사람으로 들어오셔서 사람에게 요구하시는 것이 있었다. 바로 믿음이었다.

예수님이 가버나움이라는 동네에 들어가셨을 때 한 백부장이 달려 나와 중풍병으로 고생하는 부하를 치료해 주시도록 요청하였다. 예수님이 "내가 가서 고쳐 주리라"고 말씀하셨다. 백부장은 여기서 말씀만 하셔도 그의 병이 나을 것이라며 무릎을 꿇었다. 백부장의 믿음은 예수님의 말씀을 믿는 믿음이었다. 예수님이 백부장에게 말씀하셨다.

"가라 네 믿은 대로 될지어다 하시니 그 즉시 하인이 나으니라"
(마태복음 8장 13절)

백부장의 믿음은 예수님의 말씀을 믿는 믿음이었다. 믿음은 예수님이 기적을 행하시는 기회이다.

예수님이 두로와 시돈 지방으로 가셨을 때이다(마태복음 15장 21-28절). 세상에서 버림당하여 살 소망이 없는 가나안 여인이 달려나와 울부짖었다. 사랑하는 딸이 흉악한 귀신에 들려 죽어가는데 살려달라고 예수님께 나와 부르짖었다. 그런데 예수님과 제자들은 들은 척도 아니하고 냉대하였다. 예수님은 심지어 "자녀의 떡을 취하여 개들에게 던짐이 마땅치 않다"고 모욕과 수치를 주었다. 그러나 여자는 이렇게 대답한다.

"주여 옳소이다마는 개들도 제 주인의 상에서 떨어지는 부스러기를 먹나이다"(마태복음 15장 27절)

이 여인의 말을 듣고 예수님이 말씀하신다.

"여자여 네 믿음이 크도다 네 소원대로 되리라 하시니 그 때로부터 그의 딸이 나으니라"(마태복음 15장 28절)

소망 없이 고통과 울부짖음 속에서 살던 여인은 예수님을 믿었다. 예수님을 생명과 삶의 주인으로 믿었다. 이 믿음의 고백을 들으신 주님은 믿음대로 되는 은혜를 베푸셨다.

믿음은 하나님께서 역사하시는 기회이다. 사람의 삶을 믿음대로 되도록 법칙을 만드신 분이 하나님이시다. 예수님은 사람의 믿음을 보신다. 하나님은 사람의 생존방식을 믿음으로 살도록 창조하셨다.

죄란 무엇인가? 믿지 않는 것이다. 로마서 14장 23절이다.

"믿음을 따라 하지 아니하는 것은 다 죄니라"

죄의 뿌리는 하나님의 말씀을 믿지 않는 불신이다. 하나님의 말씀을 믿지 못하면, 말씀하신 하나님을 믿지 못하는 것과 같은 것이 아닌가?

죄의 근원은 하나님을 믿지 못함에 있다. 죄악의 뿌리는 하나님과 그의 말씀을 믿지 않는 데 있다. 못 믿는 데 있다.

하나님께서 인간을 구원하시는 방법은 하나님께서 구원자로 보내신 예수를 믿는 믿음에 근거한다. 요한복음 3장 15절 말씀이다.

"이는 그를 믿는 자마다 영생을 얻게 하려 하심이니라"

사람이 구원받아 하나님의 자녀가 되는 방법은 오직 한 가지 외에 다른 길이 없다. 오직 예수님을 나의 구세주로 믿는 것뿐이다. 너무 쉽고 간단하다. 예수님을 믿으면 무슨 죄를 지었든, 어떻게 살아왔든 묻지 않으신다.

하나님이 안 계신 것이 아니라, 하나님을 믿지 않기 때문에 하나님이 안 계신 것처럼 느낀다. 하나님을 모르기 때문이다. 하나님은 믿음으로만 알 수 있는 분이다. 하나님은 믿음으로만 경험할 수 있는 분이다.

세상을 살아가는 사람들의 건전한 사회적 관계는 믿음으로 유지된다. 사랑은 지식이 아니라 믿음이다. 믿을 수 없는 사람, 믿어지지 않는 사람보다 더 불행한 일이 어디에 있겠는가?

그러면 인간이 우주와 만물을 창조하신 절대자 하나님을 어떻게 믿을 수 있는가? 믿어지지 않는, 믿지 못하는 불신의 인간에게 믿도록, 믿어지도록 도와주기 위해서 오신 분이 있다. 바로 성령님이다. 고린도전서 12장 3절 말씀이다.

"성령으로 아니하고는 누구든지 예수를 주시라 할 수 없느니라"

하나님과 그의 말씀을 믿는 믿음은 인간의 지적인 활동으로는 불가능하다. 하나님께서 구원자로 이 세상에 보내신 예수님을 믿는 믿음은, 오직 성령의 감동과 역사하심으로만 가능하다.

예수님의 제자들은 예수님과 삼 년 반 동안을 함께하였다. 직접 말씀도 듣고 기적도 보았고 역사도 경험하였다. 도저히 사람으로는 불가능한 사건들을 수없이 보았다. 그러나 마지막 순간에는 예수를 믿지 못하였다. 그래서 예수를 죽음의 자리에 버려둔 채 모두 제 갈

길로 도망치고 말았다.

　이들이 예수를 믿게 된 것은 예수께서 하늘로 승천하신 이후 한 장소에 모여 간절히 기도할 때 각 사람들에게 임하신 성령님의 역사로 인해서였다. 그때 비로소 믿음의 사람들로 변화되었다.

　"두려워하지 말고 믿기만 하라"(마가복음 5장 36절)

　삼성 창업주 이병철 회장은 죽음의 강변에 서서 이렇게 물었다. "신(하나님)은 왜 자신의 존재를 똑똑히 드러내 보이지 않는가?" 이 질문에 대한 답은 이렇게밖에 말할 수 없다. 하나님의 존재는 인간의 지적 작용에 의해서 증명할 수 있는 분이 아니다. 오직 하나님께서 하나님 자신을 인간 역사 안에서 드러내시는 계시에 의존할 뿐이다. 계시는 믿음으로만 가능한 영역이다.

　믿으라! 이것이 하나님의 요청이다.

生物學者들은 人間도 오랜 進化過程의 産物이라고
(생물학자)   (인간)   (진화과정)   (산물)
하는데, 神의 人間創造와 어떻게 다른가?
       (신) (인간창조)
人間이나 生物도 進化의 産物 아닌가?

— 삼성 창업주 이병철 회장의 마지막 질문

Question 2
창조와 진화에 대하여

생물학자들은 인간도
오랜 진화 과정의 산물이라고 하는데
신의 인간 창조와 어떻게 다른가?

인간이나 생물도 진화의 산물 아닌가?

창조냐 진화냐

창조냐 진화냐

*태초에
하나님이 천지를 창조하시니라*

인간과 역사를 몰락의 길로 추락시킨 인류의 3대 적이 있다. 첫째는 찰스 다윈의 진화론이다. 둘째는 칼 마르크스의 공산주의 이론이다. 셋째는 프로이트의 인간 충동 이론이다.

1859년 영국에서 생물학적 연구에 관한 논문이 한 편 발표되었다. 생물학자 찰스 다윈(Charles Robert Darwin, 1809-1882)이 저술한 "종의 기원"이라는 논문이었다. 다윈은 생물의 모든 종이 공통의 조상으로부터 이어졌다고 주장했다. 다양한 생물의 종이 각기 종류대로 창조된 것이 아니라 그 기원이 하나이며 수십억 년의 세월 동안 종에서 종으로 진화를 거듭하여 왔다고 주장하였다.

다윈은 신의 존재를 부인했다. 그리고 자연은 스스로 끊임없이 스스로를 창조와 변화를 거듭할 수 있는 능력을 가지고 있기 때문에 창조주가 필요 없다고 하였다. 다윈은 신의 존재를 인정하지 않았다. 그리고 스스로 자신을 유물론자로 간주하였다. 이에 영향을 받은 유신론과 무신론의 갈등이 18세기부터 논의의 중심이 되었다. 다윈의 진화론이 발표되기 전에는 진정한 의미의 무신론이 등장하지도 않았고 심각한 문제의식도 없었다.

우주의 기원이 "창조냐 아니면 진화냐"라는 논쟁은 지금도 계속되고 있는 주제이다. 사실 19세기 중엽까지만 해도 우주는 하나님에 의해서 창조되었고 또한 하나님의 섭리에 의해서 운행되고 있다는 창조론이 서구 문명의 사상적 주류를 이루어 왔다. 그러나 이 창조론이 최초로 도전받기 시작한 것은 바로 영국인 찰스 로버트 다윈의 "종의 기원"(The Origin of Species by Means of Natural Selection)이라는 논문이 발표되고부터였다. 세계 문명을 주도했던 서구의 사상과 기독교의 근본 신앙이었던 창조신앙에 대한 심각한 도전이 다윈의 진화론이었다.

찰스 다윈의 주장이다. "나는 유추를 통하여 모든 동물과 식물은 어떤 하나의 원형에서 나왔다고 하는 신념에 이르게 되었다"는 새로운 가설 체계로서 허무맹랑한 주장으로 도전하고 나섰던 것이다.

다윈은 자신의 신념을 크게 세 가지로 표현했다. 첫째, 동물과 생물의 기원은 한 조상으로부터 유래했으며, 둘째, 이 과정에서 새로운 '종'의 동물과 식물이 영속적으로 형성되며, 셋째, 자연적 선택(Natural Selection)의 과정을 거쳐서 모든 유기물은 생존할 뿐만 아니라 환경에 적응함으로 새로운 종으로 생성되는 것이라고 하였다.

이 같은 다윈의 허무맹랑한 가설은 '진화론'이라는 이름으로 지난 100여 년 동안 전 세계 구석구석으로 퍼져 갔으며 삶의 온갖 분야에 확산되어 갔다. 특히 전 세기의 교육학을 설파한 존 듀이의 사상 밑바탕에는 우주와 인간 역사의 진화론적 발전의 논거가 깔려 있었다.

그러기에 지난 100여 년 간 세계는 확실한 증거도 댈 수 없는 가설로 구성된 '진화론'의 논리가 정치, 교육, 경제, 철학 등 인간 가치의 의식구조 전 분야에 확산되기 시작하였다. 진화론은 우주와 역사 그리고 인간의 과거와 미래를 보는 하나의 신념 체계로서 전 인류에게 종교처럼 확대되어 간 것이다. 창조론을 믿는 사람은 원시적 시각을 벗어나지 못한 전근대적이며 비과학적인 존재로 취급받고 있다. 그러나 진화론은 거역될 수 없는 지성적이며 현대 과학 정신처럼 진화되고 말았다. 이처럼 세계 문명사에 태풍을 몰고 온 진화론이 무엇을 말하는지 답변을 드리고자 한다.

이병철 회장은 죽음의 벽과 마주섰을 때 죽음 너머 다음 세계에 대한 우울함이 있었다. 그는 묻는다. "인간이나 생물도 진화의 산물이 아닌가?"

대진화 이론이다(Macroevolution)

대진화란 모든 생명은 한 종(Species)으로부터 새로운 '종'으로 변화되어 점점 더 고등생물로 진화되어 왔고 또 진화되어 간다는 주장이다. 아미노산 입자가 모여 우연히 단백질이 합성되고, 다시 우연히 생명이 주어지고, 다시 원생동물로 진화된다는 가설이다. 그리고 다시 고등생물로 진화되는 과정을 거쳐 원숭이로 진화된다. 따라서 원숭이가 사람으로 진화되고, 뿐만 아니라 지금도 진화는 계속되고 있다는 허무맹랑한 주장이다.

그러나 한 '종'에서 전적으로 다른 '종'으로의 진화는 원천적으로 이를 증거할 만한 과학적 자료가 없음에도 불구하고 이를 주장하고 있다는 것이다.

결국 진화론에 의하면 인간의 시작은 창조된 인간이 아니라 미생물로부터 시작하여 버러지가 되고 세월이 흘러 원숭이라는 동물로 진화되고, 오랜 세월 동안 원숭이가 유인원(Hominoidea)으로 진화하였다는 사실을 주장한다. 이 주장은 한 '종'으로부터 다른 '종'으로의 진화가 가능하다는 가설이다. 진화론은 그럴 것이라는 주장에 불과하다. 그래서 진화의 법칙이라 하지 않고 진화론이라는 말을 쓰는 이유가 여기에 있다.

그런데 인류 역사에 이상한 현상이 계속 진행되고 있다. 전혀 과학으로 검증되지도 않고, 확인되지 않은 진화론을 사실과 같이 진리로 믿고 서슴없이 가르치고 있다는 사실이다.

우주의 진화론이다

진화론은 상상할 수 없는 우주의 광대함과 신비와 기원을 우연히 생긴 에너지에 의하여 가능하다는 논거를 내세우고 있다. 예를 들면 '성운설'은 태양 주위의 기체와 먼지들이 인력에 의하여 뭉쳐져서 지구가 되었다는 주장이다. 그렇다면 이 인력 에너지는 도대체 어디에서 온 것일까? 답은 없다. 그냥 우연히 그렇게 되었다는 것이다. 그러기에 진화론은 다양한 주장에도 불구하고 두 가지 가설을 신념으로 전제하고 있는 것이다.

하나는 아미노산에서 '돌연변이'를 거쳐 고등동물로 진화한다는 '종'의 비약이다. 다른 하나는 우주의 모든 진화 과정에는 하나님이 아니라 에너지라는 전체 동력이 내재하고 있다는 주장이다. 이른바 진화론을 주장하는 사람들은 우연한 사건들 속에서 만들어진 동물과 같은 수준에서 인간을 해석한다. 진화론을 주장한 이래 150여 년의 역사 속에서 인류와 세계에 미친 영향력은 상상할 수 없는 참혹한 결과를 내고 말았다. 진화론의 중심에는 인간을 동물로 규정하는 중심사상이 자리를 잡고 있기 때문이다.

다윈의 진화론 사상을 주장했던 에른스트 헤켈(Ernst Haeckel, 1834-

1919)은 제2차 세계대전을 발생시킨 독일 군국주의의 기초를 놓는 데 지대한 역할을 하였다. 헤켈은 1916년에 나치의 창당을 주도했던 툴레당(Thule Geselschaft)의 비밀 요원으로 가입선서를 하였다. 이 자리에 동석했던 아돌프 히틀러(Adolf Hitler, 1889-1945)는 헤켈의 영향을 받아 후일 나치전당대회(1937년)에서 진화론을 나치강령으로 선포하였다.

그리고 히틀러는 200만 명을 단종 처리했으며 몸속에 투입하면 급사하는 독약을 만들어 아우슈비츠에서 유대인 600만 명을 잔인하게 학살하였다. 이런 무자비한 행위는 1933년 나치의 당대회에서 채택된 진화론이 논거적 당위성을 제공한 것이며 프랜시스 골든의 우생학(eugenics)이 비판 없이 그대로 받아들여진 결과였다.

히틀러의 무자비한 행위는 진화론에 근거했던 것이다. 진화론은 하나님 없는 유물론적 세계관을 인간 삶의 이념으로 삼아 인간을 동물과 같은 수준으로 전락시켰다.

진화론자들은 인간을 도덕적 불안과 두려움으로부터 해방시켰다고 주장한다. 그들은 인간의 양심 없는 부도덕한 생활 방식에 책임을 물을 하나님이 존재하지 않는다는 사실이 자신을 자유케 하는 근거라고 생각한다. 신이 없다는 것이 얼마나 자유로운지 아는가? 이것이 바로 유물론자들의 무지한 항변이다.

진화론을 신봉하는 생물학자 줄리안 헉슬리의 동생 올더스 헉슬리(Aldous Huxley, 1894-1963)는 "자칭 무신론자의 고백서"에서 이런 말을 남겼다.

나는 세상이 무의미하기를 바란다. 무의미는 자유를 위해 꼭 필요하다. 내가 원하는 자유란 모든 경건함과 도덕적인 제약으로부터 벗어나는 것이다. 왜냐하면 도덕성은 성적인 자유를 반대하기 때문이다.

진화론을 추종하는 무신론자들은 성 해방을 부르짖으면서 동성애를 옹호하고, 윤리적 삶을 흙먼지처럼 취급하고 만다. 진화론에서 인간이란 한갓 동물에 지나지 않는다. 따라서 인간은 하고 싶은 대로 하고, 살고 싶은 대로 살다가 흙먼지로 돌아가는 존재로 인식한다.

진화론자들은 어느 시기에 우연히 물질이 생명체가 되고 공룡이 되고 짐승이 되고 원숭이가 되어 사람으로 둔갑되어 살다가 생명이 끝나는 날 흙먼지로 돌아가는 운명으로 인간을 해석한다. 진화론은 인간이란 동물에 지나지 않으며 존재의 의미도 목적도 없이 버려진 우연의 산물로 인간을 해석하고 취급한다.

이병철 회장은 묻는다.

생물학자들은 인간도 오랜 진화 과정의 산물이라고 하는데 신의 인간 창조와 어떻게 다른가?
인간이나 생물도 진화의 산물이 아닌가?

신(하나님)의 인간 창조에 관해서 답변을 드린다.

사람의 존재가 미생물로 시작하여 버러지가 되고, 버러지가 변하여 사람으로 진화했다는 진화론은 인간의 가치와 인간 존재의 의미를 동물과 같은 가치 없는 존재로 전락시켰다. 이것은 정치적으로는 칼 마르크스의 공산주의 이론을 제공했으며 공산주의 실현은 혁명과 숙청이라는 무자비한 수단과 방법으로 공산 사회를 건설하려는 이들에게 이론을 제공하게 되었다.

또한 진화론에 근거한 무신론은 프로이트의 인간 충동 이론으로 둔갑하여 사람의 가치를 동물 수준으로 끌어내리는 결과를 가져왔다. 즉, 인간 존재에 대해 성적 쾌락을 위한 동물적 본능 이론을 제공하는 계기가 되었다. 이것은 인간의 삶의 의미와 목적을 쾌락을 누리는 데 둠으로써 도덕적이고 윤리적이며 영적인 존재인 인간의 삶을 파괴시키는 원인을 제공하였다.

그렇다면 인간은 세상에 어떻게 존재하게 되었는가? 인간 창조의 근거는 어디에서 찾아야 하는가?

인간이 이 세상에 존재하게 된 이유와 목적은 인간 스스로 답을 만들 수가 없다. 왜냐하면 피조물은 자신에게 스스로 목적과 의미를 부여할 수 없기 때문이다. 오직 사람을 창조한 자만이 사람을 창조한 의도와 목적을 설정하고 있기 때문이다.

인간은 스스로 존재하는 자존자가 아니라 천지 만물의 창조자인 하나님에 의해서 지음 받아 존재하게 되었다는 사실을 기록하고 있는 책이 성경이다. 기독교 신앙의 근거는 성경에 기록되어 있는 대로 하나님의 계획을 믿으며, 하나님의 목적과 의도를 믿는 것이다. 성경은 인간 존재가 어떻게 역사 속에 출현하였으며, 인간이 존재하는 이유는 무엇이며, 그 의미와 종말은 무엇인가를 세밀하게 기록하고 있다.

구약성경 창세기 1장 1절의 선언이다.

"태초에 하나님이 천지를 창조하시니라"

하나님의 존재에 관해서는 인간의 논쟁거리가 될 수 없음을 선언하는 말씀이다. 성경은 하나님의 존재를 증명하려고 하지 않는다. 하나님은 인간의 판단과 생각에 관계없이 이전부터 계신 분이다. 성경은 오직 하나님께서 인간을 어떻게 사랑하고 계신지를 말하고 있을 뿐이다.

성경의 증언은 하나님께서 천지와 만물을 창조하셨다는 선언에서 시작된다. 하나님은 우주와 사람을 창조하신 창조자로 성경은 선포한다.

첫째로 "태초에"라는 말은 하나님의 창조의 작업이 시작되었다는 역사적 유발의 선언이다. 창조주 하나님은 우주에 존재하는 모든 만물의 창조자이시며, 우주의 시작과 근원은 하나님으로부터 시작되었음을 선포하는 말씀이다. 하나님은 자존자로 계셨으며 우주가 존재하기 이전부터 스스로 계신 분임을 선포하는 말씀이다.

"태초에 하나님이 천지를 창조하시니라"(창세기 1장 1절)

이 말씀은 우주 안에 존재하는 인간의 운명과 존재가 하나님으로부터 시작되었음을 선언하고 있다. 이는 인간의 지혜와 과학으로는 도저히 설명할 수 없는 영역이다. 오직 절대자 하나님께서 우주와 인간 세상을 시작하셨으며 하나님에 의해서 운영되고 있음을 의미하는 말씀이다.

둘째로 "하나님이 보시기에 좋았더라"는 말씀이다. 우주와 만물을 창조하신 하나님은 뜨거운 감정을 가지고 계신 분임을 말하고 있다. 세계와 만물의 창조자이신 하나님은 세계를 선하고 아름답게 지으셨다. 이것은 우주와 역사와 인간을 근본적으로 긍정하게 되는 신앙의 근거가 된다.

셋째는 하나님께서 "종류대로" 만물을 창조하셨음을 선언하는 말씀이다. 이 말씀은 진화론이 거짓이고 허구임을 증언하고 있다. 버러지가 진화하여 원숭이가 되고 사람으로 진화했다는 거짓과 허구적인 사탄의 거짓말을 한마디로 부정한다. 우주와 인간은 하나님께서 창조하신 피조물이며 그 피조물은 아름답고 선한 것이었다. 그리고 하나님께서 지으신 세계는 하나님의 사랑과 하나님의 능력과 지혜로 운영되고 있다.

창조 신앙이란 하나님께서 자신의 고도의 지혜와 설계된 계획을 따라 우주를 창조하신 만물의 주인 되심을 믿는다는 것이다. 창조라는 단어는 히브리어에서 세 가지 의미로 사용되고 있다.

첫째로 창세기 1장 1절의 "태초에 하나님이 천지를 창조하시니라"에서의 창조의 의미는 히브리어로 '바라'라는 말로 쓰여 있다. 이 '바라'라는 단어는 없는 것을 있게 하는 것이라는 뜻을 가지고 있다. 즉 Nothing에서 Something, 없는 것을 있게 하는 것, 이것이 성경에 나타난 창조라는 의미이다. 즉, 하나님께서는 없는 것을 있게 하시는 능력자이시며 전능자이시다.

두 번째 나타나는 창조라는 말은 '아사'라는 의미를 가지고 있다. 창세기 1장 21절의 "하나님이…그 종류대로 창조하시니 하나님의 보시기에 좋았더라"는 말씀에서 창조라는 의미는 있는 것에서 있는 것을 만들었다는 의미이다. 즉 '개조 창조'라는 말이다. 흙으로 도자기를 만들고 나무로 의자를 만들고 철로 자동차를 만든다면 이는 개조 창조를 의미하는 말이다. 사람의 창조 능력은 없는 것을 있게 만드는 능력이 아니다. 사람은 이미 있는 것을 가지고 개조하는 능력이 있을 뿐이다.

성경에 기록된 세 번째 창조의 의미는 '야찰'이라는 단어로 쓰였다. 이는 창세기 1장 27절의 "하나님이 자기 형상 곧 하나님의 형상대로 사람을 창조하시되 남자와 여자를 창조하시고"라는 말씀에서 쓰인 말이다. '야찰'이라는 단어가 의미하는 뜻은 '모방 창조'이다. 즉 어떤 작가가 자신의 모형을 모델로 세워 놓고 심혈을 기울여 조각한다는 의미다. 하나님께서 사람을 만드실 때 하나님 자신의 모형을 모델로 삼아 작가가 심혈을 기울여 작품을 만들듯이 그렇게 사람을 지으셨다는 성경의 선언이다.

창세기 1장에 나타난 하나님의 창조는 모두 "하나님이 이르시되"라고 하였듯이, 말씀을 명령하심으로 모든 만물을 존재케 하셨다. 그러나 사람을 창조하실 때는 하나님께서 하나님 자신을 모델로 삼아 하나님의 활동과 작업으로 직접 만드셨음을 말하고 있다.

하나님은 흙먼지를 긁어 사람의 모형을 만들고 흙먼지로 뭉쳐진 사람의 모형 속에 하나님의 형상을 새겨 넣었던 것이다. 하나님께서 흙덩이 속에 생기를 불어넣자 하나님을 알아보고, 하나님의 말귀를 알아듣고, 하나님의 사랑에 대하여 반응할 수 있는 존재, 하나님과 함께 대화하고 하나님의 손을 잡고 동산을 거닐며 하나님의 사랑과 생명을 누릴 수 있는 하나님의 아들, 딸로 창조된 존재가 사람이다.

하나님의 형상대로 지음 받은 인간이란 진화의 산물이 아니다. 하나님의 깊고 높은 지적 설계도에 따라 창조된 피조물임을 성경은 증언하고 있다. 사람이 하나님을 자신의 생명의 원천으로 믿고 창조주로 믿는 순간 인간은 본래적인 정체성(identity)과 운명(destiny)을 찾을 수 있다.

우주의 기원과 생명의 시작에 관하여 진화론자들은 자연발생적 동기와 과정을 거짓으로 꾸며 주장한다. 그리고 하나님 없는 우주와 지구를 그려 온 것이다. 그러나 창조 신앙은 우주와 인간은 하나님의 계획과 목적을 위한 신비스러운 설계에 따라 하나님께서 창조하셨다는 사실을 믿는다. 그러므로 만물과 인간은 하나님으로부터 온 것이며 그에게 전적으로 의존되어 있는 존재들이다.

"이는 만물이 주에게서 나오고 주로 말미암고 주에게로 돌아감이라 그에게 영광이 세세에 있을지어다 아멘"(로마서 11장 36절)

우주와 만물 가운데 오직 사람만 하나님을 닮은 존재로 지음 받았음을 성경은 기록하고 있다. 그리고 사람을 만드신 이유도 분명히 밝히고 있다.

"내 이름으로 불려지는 모든 자 곧 내가 내 영광을 위하여 창조한 자를 오게 하라 그를 내가 지었고 그를 내가 만들었느니라"(이사야 43장 7절)

인간 존재는 하나님의 영광의 면류관으로 지음 받았다. 우주와 만물 가운데 사람만큼 하나님의 뜻이 담겨있는 존재가 누구인가? 그리고 하나님은 이 세상 너머에 하나님을 사랑하는 하나님의 백성들을 위한 영원한 천국이 마련되어 있음을 약속하셨다. 성경의 마지막 책인 요한계시록에는 역사의 영원한 하나님의 계획이 기록되어 있다. 요한계시록 21장 3-7절 말씀이다.

> "내가 들으니 보좌에서 큰 음성이 나서 이르되 보라 하나님의 장막이 사람들과 함께 있으매 하나님이 그들과 함께 계시리니 그들은 하나님의 백성이 되고 하나님은 친히 그들과 함께 계셔서"(3절)
>
> "모든 눈물을 그 눈에서 닦아 주시니 다시는 사망이 없고 애통하는 것이나 곡하는 것이나 아픈 것이 다시 있지 아니하리니 처음 것들이 다 지나갔음이러라"(4절)
>
> "보좌에 앉으신 이가 이르시되 보라 내가 만물을 새롭게 하노라 하시고 또 이르시되 이 말은 신실하고 참되니 기록하라 하시고"(5절)
>
> "또 내게 말씀하시되 이루었도다 나는 알파와 오메가요 처음과 마지막이라 내가 생명수 샘물을 목마른 자에게 값없이 주리니"(6절)
>
> "이기는 자는 이것들을 상속으로 받으리라 나는 그의 하나님이 되고 그는 내 아들이 되리라"(7절)

인간과 세상은 자연적으로 우연히 생겨난 것이 아니라 하나님의 고도의 계획과 지적인 설계도를 따라 하나님의 영광스러운 목적을 위하여 하나님께서 창조하신 세계이다.

宗教(종교)란 무엇인가? 왜 人間(인간)에게 必要(필요)한가?

— 삼성 창업주 이병철 회장의 마지막 질문

Question 3
―
종교에
대하여

종교란 무엇인가?

왜 인간에게 필요한가?

종교란 무엇인가?
성경은 무엇을 증언하는가?

종교란 무엇인가?

"종교란 무엇인가? 왜 인간에게 필요한가?" 종교가 무엇인지 몰라서 한 질문은 아닌 것 같다. 세상과 마지막으로 이별해야 할 이 순간에 이병철 회장이 믿었던 신념이나 종교가 무엇을 의미하는 것인가를 질문한 것으로 본다.

톨스토이(Lev Nikolayevich Tolstoy, 1828-1910)는 러시아의 소설가이자 사상가로 인간에게 큰 감동과 교훈을 주는 글을 남긴 사람이다. 그의 글 중에서 세상을 살아가는 인간에 대한 실존을 실감나게 표현한 이야기가 있다.

한 나그네가 으슥한 산길을 걸어가고 있었다. 그런데 갑자기 뒤에서 한 마리의 사자가 입을 크게 벌리고 달려오는 것이 아닌가. 나그네는 위급함을 느끼고 있는 힘을 다하여 달려가기 시작하였다. 달리다가 돌멩이에 걸려 넘어지면 다시 일어나 또 달리고, 있는 힘을 다해서 앞으로 앞으로 달려갔다. 쉬지 않고 입을 벌리고 뒤쫓아

오는 사자를 피하기 위해서 죽을 힘을 다해 달렸다. 한참 달리다 보니 더 큰 절망에 부딪치고 만다. 살려고 달려온 길 끝이 바로 낭떠러지가 아닌가. 나그네는 한 발자국도 더 이상 앞으로 나아갈 수가 없었다.

한 발자국도 더 이상 내디딜 수 없는 절망의 거대한 벽에 부딪쳤다. 앞으로 나아갈 수도 없고 뒤돌아설 수도 없다. 여전히 입을 크게 벌리고 뒤쫓아 오는 사자의 공포를 피할 수가 없다. 뒤로도 앞으로도 더 이상 나아갈 수 없는 나그네는 불안과 공포와 두려움에 휩싸이게 된다.

답이 없고 방법이 없는 마지막 자리였다. 그런데 어쩌다 보니 낭떠러지에 칡넝쿨이 몇 가닥 아래로 내려져 있는 것이 아닌가? 나그네는 칡넝쿨에 목숨을 의지하고 서서히 낭떠러지 절벽을 타고 내려가기 시작했다. '그러면 그렇지, 하늘이 무너져도 살길이 있는 법이지' 하고 몇 가닥 칡넝쿨에 목숨을 부지한 채 한 발 한 발 내려가기 시작하는데 이게 웬일인가? 낭떠러지 절벽 아래에는 생전에 보지도 못했던 큰 구렁이가 입을 벌리고 혀를 낼름거리고 있지 않는가? 위를 쳐다보니 사자가 큰 입을 벌리고 있고, 아래를 보니 살기가 가득한 능구렁이가 입을 벌리고 있는 것이었다.

나그네는 위로도 아래로도 나아갈 수 없는 불안과 절망의 자리에서 칡넝쿨에 목숨을 부지한 채 매달려 있을 수밖에 없었다. 언제 어떻게 될지 모르는 두려움과 공포의 시간을 보내고 있었다.

그런데 콧잔등으로 무언가 똑똑 떨어지는 물방울 같은 것이 느껴졌다. 혀를 내밀어 콧잔등으로 떨어지는 물방울을 핥아 보니 달콤한 꿀이었다. 위를 보니 꿀벌 몇 마리가 칡넝쿨에 붙어서 꿀방울을 떨어뜨리고 있지 않은가? 나그네는 벌들이 떨어뜨려주는 달콤한 꿀방울을 혀를 내밀어 빨아 먹는 재미에 빠지고 말았다. 나그네는 자신이 절벽에 매달려 있다는 사실을 까맣게 잊고 있었던 것이다.

나그네는 위에서 떨어지는 달콤한 꿀방울을 빨아 먹는 재미에 자신이 얼마나 불안한 자리에 매달려 있는지도 모르고 있었다. 이때 슥삭슥삭거리는 소리가 들려왔다. 소리 나는 쪽을 올려다보았다. 자신의 목숨을 지탱해 주고 있는 칡넝쿨을 흰쥐 한 마리가 갉아 먹고 있는 것이 아닌가? 그리고 얼마 후에는 검은 새앙쥐가 나와서 또 자신이 매달려 있는 칡넝쿨을 갉아 먹는 것이 아닌가? 흰쥐가 갉아 먹고 들어가면 검은쥐가 나와서 갉아 먹었다.

이렇게 흰쥐 검은쥐가 번갈아 가면서 갉아먹는 동안 목숨 줄은 끊어져가고 있었다. 그러나 칡넝쿨에 매달려 있는 나그네는 콧잔등 위로 떨어지는 달콤한 꿀방울을 빨아 먹는 재미에 자신의 목숨이 끝나는 시간이 오고 있음도 잊어버리고 말았다.

톨스토이는 이것이 오늘 세상을 살아가고 있는 인간의 실존이라고 하였다. 뒤에서 쉬지 않고 쫓아오는 사자는 세월이라 하였다. 누구라서 오는 세월, 가는 세월을 막을 수 있겠는가? 인간은 누구나 세월에 밀려 종착역을 향해서 달려간다. 자신의 의지와 상관없이 밀려오는 세월을 거역할 수 없는 불가능한 운명적 존재이다.

또한 절벽 낭떠러지에 늘어진 칡넝쿨에 매달려 있는 인간은 죽음의 두려움과 불안을 상징한다고 했다. 언젠가 이 세상을 떠나야 한다는 죽음의 두려움과 불안 없이 사는 사람이 어디 있겠는가? 그리고 누구에게나 다가오는 죽음의 두려움과 공포를 잊어버리게 하는 꿀 한 방울은 이 세상에 살면서 잠시 찰나적으로 누리는 성공과 승리, 쾌락과 행복 이런 소소한 인생 속에 일어나는 즐거움을 의미한다고 했다. 잠시 동안 누리는 인생의 재미와 즐거움 또한 성공의 순간들이 내가 누구인지를 잊어버리게 한다. 행복이라고 여겨지는 찰나의 순간들이 내가 어디에 있는지를 망각하게 한다.

그러는 동안 흰쥐, 검은쥐가 오고가며 내 운명의 줄을 갉아먹고 있다는 것이다. 흰쥐는 낮이고 검은쥐는 밤을 상징한다. 낮이 가고 밤이 오고, 밤이 가고 낮이 오면서 내 생명줄은 점점 끊어져 가고 있는 것이다. 낮이 가고 밤이 오고, 밤이 오고 낮이 가는 세월의 흐름을 누가 막을 수 있겠는가? 권세가 세월의 흘러감을 막을 수 있겠는가? 재물이 세월의 오고감을 조절할 수 있겠는가? 사람은 세상에 왔다가 떠나가는 것을 스스로 결정할 수 없는 운명적인 존재가 아니겠는가? 내 생각에 관계없이 죽음의 시간은 오고 있다.

한 시대를 대단하게 살아온 이병철 회장이 세상을 떠나 다음 세상으로 가야 한다는 피할 수 없는 운명적인 시간 앞에서 이렇게 물었다.

종교란 무엇인가?
왜 인간에게 필요한가?

종교학에서는 사람이 세상에 존재하기 시작할 때부터 종교가 있어 왔다고 주장한다. 그래서 독일의 철학자 포이에르바하(Ludwig Andreas von Feuerbach, 1804-1872)는 "인간은 종교의 시작이요 중심이요 종말이다"라고 언급하였다. 뿐만 아니라 "종교는 그 사람의 궁극적 관심"이라고도 하였다. 이런 의미에서 종교는 인간의 생존을 위한 근본적인 근거와 토대를 마련해 준다.

헤겔(Georg Wilhelm Friedrich Hegel, 1770-1831)은 "종교가 인간의 처음과 마지막이며, 인간에게 생명과 정신을 주는 중심이다"라고 하였다. 인간은 한마디로 종교적 존재임을 간파한 것이다.

칼 마르크스(Karl Heinrich Marx, 1818-1883)는 "종교는 민중의 아편"이라고 단언하였다. 종교가 계급투쟁의 장애물이 된다고 보았다. 그는 인간이 신의 피조물이 아니라 인간이 신을 창조한 것이라고 하였다. 마르크스는 진정으로 행복한 인간 사회를 만들기 위해서는 종교적 환상을 깨뜨려야 한다고 주장했다.

독일의 철학자 니체(Friedrich Nietzsche, 1844-1900)는 모든 종교를 노예 도덕이라고 공박하였다. 그래서 그는 인간은 종교의 압박과 제재에서 벗어나야 한다고 주장했다.

종교에 대한 긍정적 입장을 취한 사람들은 인간은 종교심의 본원이라는 사실을 주장하면서 종교의 필요성을 강조하고 있다.

영국의 역사학자 아놀드 토인비(Arnold Joseph Toynbee, 1889-1975)는 그의 저서《역사의 연구》에서 인류 역사상 21개의 문명이 있었는데 그중에 19개의 문명이 멸망했다고 한다. 그런데 그 멸망의 원인을 분석한 결과 19개의 문명은 모두 무신론과 물질 중심의 문명이라는 공통점을 가지고 있었다고 하였다.

노벨상 수상자이며 과학자인 아인슈타인(Albert Einstein, 1879-1955)은 상대성 이론을 개발한 석학이다. 그는 자신이 평생 동안 연구하면서 내린 결론은 우주의 배후에 존재하는 최고의 절대자인 하나님께 경외를 떨쳐 버릴 수가 없다고 고백하였다.

독일의 종교 변증가인 헤딩거(H. Hethinger)는 모든 인간은 종교적 존재라고 하였다. 왜냐하면 인간은 선천적으로 가장 깊은 마음속에 본성적으로 종교의식을 지니고 있는 존재로 보았기 때문이다. 그는 말하기를 "신은 보이는 세계와 보이지 않는 세계의 중심"이라고 하였다.

성경은 무엇을 증언하는가?

톨스토이가 《인생이란 무엇인가》에서 이야기한, 칡넝쿨 몇 가닥을 의지하여 절벽에 매달려 있는 인간 존재의 모습에서 종교심을 찾아본다.

인간은 불안한 존재이다

성경은 인간이 하나님께 범죄하자 불안이 엄습해 왔음을 증언하고 있다. 그래서 범죄한 아담은 하나님을 피하여 숲속에 숨어버렸다.

범죄하여 숨어있는 아담을 하나님께서 찾아오셨다. "아담아! 네가 어디 있느냐?"(창세기 3장 9절) 아담이 대답한다. "두려워하여 숨었나이다."(창세기 3장 10절) 하나님을 믿지 않는 죄인은 두려움에 휩싸인다. 즉 불안한 존재가 되었다는 말이다.

덴마크의 실존철학자 키에르케고르(Søren Kierkegaard, 1813-1855)의 말을 빌리지 않는다 하더라도 하나님을 떠난 지상의 모든 인간은 불안한 실존으로 존재하고 있다. 하나님께 범죄한 인간은 불안하다. 하나님을 떠난 인간은 불안하다. 그래서 성경은 인간 존재의 실상을 불안과 두려움으로 숨어 살아가는 나약한 존재로 규정하고 있다.

인간은 불확실한 존재이다

신약성경 야고보서 4장 13-14절을 읽어보자.

"들으라 너희 중에 말하기를 오늘이나 내일이나 우리가 어떤 도시에 가서 거기서 일 년을 머물며 장사하여 이익을 보리라 하는 자들아 내일 일을 너희가 알지 못하는도다 너희 생명이 무엇이냐 너희는 잠깐 보이다가 없어지는 안개니라"

그 누구라서 자신의 미래를 알고 살아가는 자가 있겠는가? 잘되라고 한 일이 불행의 씨앗이 되기도 하고, 옳다고 한 일이 어느 순간 가슴을 치는 통한의 원인이 되기도 한다. 마지막 죽음이 어떻게 올는지 알고 살아가는 사람이 누구인가? 어디에서 어떻게 죽음을 맞이할는지 알고 살아가는 사람이 누구인가? 언제 죽을는지 자신의 죽음의 때가 어느 시간인지 알고 살아가는 사람이 누구인가?

> 내일 일을 너희가 알지 못하는도다
> 너희 생명이 무엇이냐
> 너희는 잠깐 보이다가 없어지는 안개니라
>
> (야고보서 4장 14절)

그렇다. 인생 미래에 대해서 소원과 바람은 있을 수 있으나 한치 앞도 내다볼 수 없는 불확실한 세상을 살아간다. 살아온 세월은 말할 수 있으나 살아야 할 미래의 세상은 아무도 확정지어 말할 수 없다.

무슨 일이 일어날는지 알 수 없는 불확실한 세상을 살아가는 가운데 의지하고 싶은 초인을 찾아 피할 수 없는 운명을 의탁하고 싶은 것이 종교가 아니겠는가?

인간은 불가능한 존재이다

사람은 자신의 생명과 운명의 주인이 아니다. 사람은 피조물임을 성경이 증언한다. 사람은 스스로 생존할 수 있는 자존자가 아니다. 누군가에 의해서만 생명과 삶이 가능한 존재이다.

그 누가 제 손끝으로 공기를 만들어 숨을 쉬고 살아가는 자가 있는가? 그 누가 제 손끝으로 햇빛을 만들어 낮과 밤을 조절하며 살아가는 자가 있는가? 그 누가 제 손끝으로 물을 만들어 마시며, 생명을 지속하여 사는 자가 있는가? 예수님이 물으신다.

"너희 중에 누가 염려함으로 그 키를 한 자라도 더할 수 있겠느냐"
(마태복음 6장 27절)

사람에게는 무언가를 할 수 있는 자유와 능력이 주어졌지만, 그러나 인간의 의지와 결심과 노력만으로는 자신의 운명을 조절할 수 없는 불가능한 한계적 존재임을 피할 수 없다. 인간이 노력하고 힘을 쓴다고 죄인의 운명을 벗어날 수 있겠는가?

히브리서 9장 27절 말씀이다.

"한번 죽는 것은 사람에게 정해진 것이요 그 후에는 심판이 있으리니"

그렇다. 성경은 인간으로서 도저히 불가능한 것이 있음을 기록하고 있다. 운명이다. 그리고 죽음이다. 그리고 죽음 후에 서야 할 하나님의 심판대이다.

현대신학의 아버지라 불리는 미국의 신학자이며 국제정치학의 대가였던 라인홀드 니버(Karl Paul Reinhold Niebuhr, 1892-1971)의 유명한 명제로 마무리하려 한다. 그는 인간 존재와 신앙을 "불가능의 가능성"이라는 말로 표현하였다. 인간은 불가능한 존재이다. 그러나 하나님의 은총으로만 가능한 존재이다.

다시 처음 이야기로 돌아가서 결론을 말하려 한다. 낭떠러지 절벽에서 끊어져가는 칡넝쿨에 매달려 목숨을 의탁하고 있는 불안한 존재, 죽음의 시간을 피할 수 없는 가련한 나그네, 이를 누가 구원해 줄 것인가?

여기에 부처님이 지나가다가 한마디 말한다. "왜, 거기에 매달려 있는지 생각해 보라." 불교는 왜 그런지 깊이 생각해 보는 사색의 종교라고 말할 수 있지 않겠는가?

여기에 공자님이 지나가다 죽음의 줄에 매달려 있는 나그네를 향하여 말한다. "여보시오, 조심했어야지." 세상을 조심스럽게 살아야 함을 설파하는 것이 유교가 아닌가?

마호메트가 지나가다 죽음의 줄에 매달려 있는 나그네에게 말한다. "여보시오, 그렇게 매달려 있지 말고 힘을 써서 나오시오." 이슬람교는 싸우고 힘을 써서 스스로 구원에 이른다는 종교가 아닌가?

예수님이 지나가시다가 죽음의 줄에 매달려 불안과 공포에 질려 있는 가련한 그 사람을 보신다. 예수님은 옷을 벗어 던지고 나그네가 매달려 있는 낭떠러지, 죽음의 절벽으로 내려가 불안과 공포에 떨고 있는 나그네를 구출하여 나온다.

기독교의 구원의 근거는 사람에게 있는 것이 아니라 하나님에게서 나온다. 하나님께서 불가능한 존재인 인간을 구원하시는 근거는 "하나님은 사랑이심이라"(요한일서 4장 8절)라는 말씀이다.

"하나님의 사랑이 우리에게 이렇게 나타난 바 되었으니 하나님이 자기의 독생자를 세상에 보내심은 그로 말미암아 우리를 살리려 하심이라 사랑은 여기 있으니 우리가 하나님을 사랑한 것이 아니요 하나님이 우리를 사랑하사 우리 죄를 속하기 위하여 화목 제물로 그 아들을 보내셨음이라"
(요한일서 4장 9-10절)

인간을 구원하시는 하나님의 모든 근거는 하나님 자신으로부터 나온다. 이병철 회장은 왜 인생의 마지막 시간에 종교에 관한 질문을 하였을까? 그는 정말 '인간을 구원하는 구원자가 누구인가?' 구원자에 대한 애끓는 간절함이 있지 않았겠는가? 이 질문에 대한 대답을 하나님의 말씀으로 드리고 싶다.

"다른 이로써는 구원을 받을 수 없나니 천하 사람 중에 구원을 받을 만한 다른 이름을 우리에게 주신 일이 없음이라 하였더라"(사도행전 4장 12절)

聖經(성경)은 어떻게 만들어 졌는가?
그것이 하느님의 말씀이라는 것을 어떻게 證明(증명)할 수 있나?

— 삼성 창업주 이병철 회장의 마지막 질문

Question 4
―
성경에
대하여

성경은 어떻게 만들어졌는가?

그것이 하나님의 말씀이라는 것을
어떻게 증명할 수 있나?

성경은 왜 하나님의 말씀인가?
성경은 어떻게 기록되었는가?
성경의 주제는 무엇인가?
성경은 역사적 사실의 기록이다

성경은 왜 하나님의 말씀인가?

영국 출신으로 평생을 "성경은 하나님의 말씀"임을 전파했던 찰스 웨슬리(Charles Wesley, 1707-1788)라는 사람이 이런 말을 했다. "성경을 기록한 자는 천사이거나 악마이거나 아니면 하나님이거나 이 셋 중 하나일 것이다."

첫째, 성경은 착한 천사의 기록일 수 없다. 왜냐하면 자신이 써 놓은 말에 "하나님이 이르시되"라고 거짓말을 붙여서 책을 만들어 낼 수 없기 때문이다.

둘째, 성경을 쓴 자는 악인이거나 마귀의 고안물일 수 없다. 왜냐하면 하나님이 우주 만물의 창조자이시며, 인간은 하나님을 섬기는 것이 본분이며, 악인과 마귀들은 추악한 존재로 심판을 받아 영원한 지옥으로 던져진다는 것이 성경의 내용인데 자신들의 비참한 종말 이야기를 써서 인류에게 읽도록 권하겠는가?

셋째, 그렇다면 성경은 하나님이라 부르는 신의 기록임에 틀림없다. 성경은 "하나님이 이르시되"라는 말을 약 3,800번이나 반복해서 기록하고 있다. 우주와 인간, 그리고 만물의 존재 이유와 목적과 의미를 설명할 수 있는 것은 만드신 분만이 할 수 있지 않겠는가?

성경이 왜 하나님의 말씀인가? 이유는 하나님께서 쓰셨기 때문이다. 성경을 하나님께서 쓰셨다는 근거는 무엇인가? 성경이 기록된 기간은 대략 1600년으로 추측한다. 그리고 성경을 기록하는 데 참여한 사람들은 40여 명이 동원되었다.

성경이 왜 하나님의 말씀인가?

성경의 다양성

첫째, 필자가 다양하다. 성경을 기록하는 데 참여한 40여 명의 필자들은 세상을 구성하고 있는 사회의 온갖 계층을 대변하는 사람들이었다. 어부, 농부, 목동, 의사, 여자, 남자, 시인, 음악가, 배운 자, 못 배운 자, 왕, 천민 등 세상을 이루고 있는 각계각층의 사람들로 구성되었다. 이것은 하나님께서 어느 특정된 사람에게만 말씀하신 것이 아니라 인류 전체에게 말씀하신 것을 의미한다.

둘째, 시간의 다양성이다. 1600년 동안 부분적으로 쓰여진 책이 모여서 성경이 되었다. 성경을 쓴 사람들 중에는 서로 만난 일도 없고 상의한 일도 없다. 세상을 사는 방식도 다르고 세대도 다르고 문화도 다 다른 사람들이었다. 그런데 후에 보니 기록한 주제가 다 똑같았다.

셋째, 상황의 다양성이다. 어떤 책은 광야 벌판에서 쓰여졌고, 어떤 책은 감옥에서, 또 도시에서 또는 외딴 섬에서, 자유로울 때 또는 노예로 있을 때 등 쓰여진 때와 장소가 다양하다. 그런데 기록한 주제가 다 일치하는 기이한 현상이 나타난 것이다.

넷째, 호소력의 다양성이다. 성경은 어느 특수계층에 대한 책이 아니라 지구상에 살고 있는 모든 인류에게 호소하고 있다. 개인, 민족, 죄인, 의인, 어부, 왕, 어린이 등 지구상에 살아가는 모든 인류 전체를 향하여 호소하고 있는 내용이다. 성경은 어느 특정된 사람들을 위한 것이 아니라 지구에 살고 있는 전 세계 인류가 독자들이다.

다섯째, 주제의 다양성이다. 저자가 책을 쓸 때는 어느 특정한 계층을 의도하고 쓰는 것이 보통이다. 그러나 성경은 하나님과 세상과 사람에 관한 모든 주제가 기록되어 있다. 신, 인간, 악마, 천사, 천국, 지옥, 시간, 영원, 도덕, 정치, 생물, 산업, 사랑, 건강, 돈, 행복, 불행, 예술, 죽음, 구원, 천국, 심판 등 성경은 우주와 인간의 해답서이다. 성경의 신기함은 시대를 초월하여 문화, 인종, 지식, 지역 등 지구에 태어난 모든 사람들을 위한 책이다.

성경의 목적성

지금부터 1600년 전에 해남 앞바다 조그마한 섬에 살았던 한 사람이 돌덩이 하나를 광화문 광장으로 보냈다고 하자. 그리고 몇백 년 후에 동해 바다 독도에 살던 한 사람이 돌덩이 하나를 또 서울에 보냈는데 종로 삼거리에 던져 놓았다고 하자. 그 후에 수백 년이 흐른 다음 서해 바다의 어떤 섬에서 살던 한 사람이 돌덩이 하나를 서울에 올려보냈는데 남대문 입구에 던져 놓았다 하자. 또 얼마 후에 왕이 돌 하나를 서울역에 비석으로 세웠다고 하자.

시대도 다르고 직업도 다르고 얼굴 한 번 본 적도 없었던 40여 명의 사람들이 생각 없이 서울로 보낸 돌덩이들이 이곳저곳으로 뒹굴어 다녔다. 1600년의 세월이 흐른 다음 어떤 사람이 나타나서 이곳저곳으로 뒹굴어 다니는 돌들을 우연히 광화문 앞에 모았더니 기겁하다 죽을 만큼 기이한 현상이 나타났다. 한 인물의 형상이 만들어진 것이다.

이스라엘 역사 속에 이와 똑같은 일이 나타났다. 시대도 다르고 직업도 다르고 삶의 방식도 다르고 한 번도 만나거나 본 적도 없던 40여 명의 사람들이 1600년 동안 써 놓은 글을 모았더니 예수님의 모습이 완벽하게 드러난 것이다. 한 사람이 단숨에 만든 것처럼 선명하고 명확한 예수님의 형체가 이루어진 것이다.

이것을 성경이라고 부른다. 우주와 인간 역사를 한눈에 내려다보고 있는 신, 하나님만이 하실 수 있는 작업이 아닌가?

왜 성경을 하나님의 말씀이라 하는가? 답은 이렇다. 성경이 하나님의 말씀인 이유는 '예수님에 관해서 기록하고 있기 때문이다.' 하나님께서 성경을 쓰신 이유는 예수님이 구세주라는 사실을 인간들에게 알려 주시기 위함이었다.

성경의 고고학적 증명

성경에는 25,000곳의 지역과 사람, 국가, 왕, 풍습에 관한 내용이 기록되어 있다. 고고학자들의 발굴과 증언으로 한 곳도 허위로 판명된 곳이 없었다. 성경에 기록된 장소, 사람, 사건, 풍습 등 모든 것이 역사적 사실로 밝혀지고 증명되었다.

고고학자 넬슨 클룩(Nelson Gluck)은 이렇게 말했다. "이제까지 고고학 발견 가운데 성경의 기록과 어긋났던 것은 단 하나도 없었다."

성경의 기록은 어떤 사람의 이론이나 주장을 이야기한 것이 아니다. 오직 우주 만물을 창조하신 하나님께서 사람을 구원하시려는 구원 계획을 기록한 하나님의 책이다.

성경의 과학적 증명

성경은 과학을 말하고 있지 않다. 오히려 과학을 만드신 하나님께서 하나님 자신을 과학으로 말씀하고 계신다. 성경은 한 글자도 오류가 없음을 과학자들은 증명한다.

지구가 둥글다는 사실을 발견한 것은 지금부터 500여 년 전 1492년 콜롬버스(Christopher Columbus, 1451-1506)에 의해서이다. 그러나 성경은 2700년 전에 이미 이사야 40장 22절에 지구가 둥글다고 기록하고 있다. "그는 땅 위 궁창에 앉으시나니"라고 했는데 여기서 '궁창'이라는 말은 히브리어로 '둥글다' 혹은 '구'(球)를 나타내는 말이다.

성경은 '지구가 둥글다'는 사실을 인간이 발견하기 2200년 전에 이미 기록해 두었다. 이사야는 주전 700년 경에 하나님의 말씀을 선포했던 선지자이다. 이사야는 지구가 둥글다는 사실을 어떻게 알았을까? 그가 연구해서 얻은 지식이 아니었다. 하나님의 말씀이 그에게 임하였던 것이다.

성경은 과학을 말하려고 쓴 책이 아니다. 하나님께서 인간 역사 안에서 행하신 하나님의 구원사를 기록한 것이다. 과학은 법칙을 발견해 가는 과정이다. 그러나 성경은 과학 법칙을 만드신 하나님께서 스스로 자신을 나타내신 기록이다.

- **이스라엘 역사를 보라.**

지상에 존재하고 있는 민족 가운데 가장 신비한 민족이 이스라엘이다. 이스라엘 역사는 인간의 보편적인 상식과 역사 인식으로는 도저히 이해할 수 없는 사건으로 진행되어왔다. 유대 민족은 2500년 동안 속박민족으로 살았으며 2000년 동안 땅 한 평 없이 세계 지구촌의 노숙자로 살아왔다. 이스라엘 민족사는 이미 역사의 미래와 운명에 관하여 하나님으로부터 몇백 년, 몇천 년 전에 예언되었고, 그 예언대로 역사가 진행되는 신비로운 민족사였다.

이스라엘은 2000년 동안 나라를 잃어버리고 지구촌의 노숙자로 떠돌아다닌 민족이었다. 그런데 1948년 5월 14일 와이즈만 박사를 중심으로 이스라엘의 독립이 선포되었다. 인간과 역사를 조절하는 누군가의 절대적 힘이 아니고서는 도저히 일어날 수 없는 사건이 아니겠는가?

성경의 저자는 누구인가?

신약성경 디모데후서 3장 16절은 성경을 누가 썼는가에 대한 답을 기록하고 있다. "모든 성경은 하나님의 감동으로 된 것"이라고 증언하고 있다. 베드로라는 예수님의 제자는 베드로후서 1장 21절에 이렇게 기록하였다.

> "예언(성경)은 언제든지 사람의 뜻으로 낸 것이 아니요 오직 성령의 감동하심을 받은 사람들이 하나님께 받아 말한 것임이라"

성경은 하나님의 감동하심을 입은 사람들에 의해서 기록되었다. 따라서 하나님의 말씀인 성경을 이해하고 믿는 방법은 오직 하나이다. 하나님의 감동하심을 받은 사람들만이 성경이 하나님의 말씀으로 믿어진다는 사실이다. 하나님의 감동이란 무슨 말인가?

하나님의 성령으로 감동을 받은 사람들이 기록한 말씀이기 때문에 인간의 이성이나 추론으로는 성경을 하나님의 말씀으로 받아들이기가 불가능하다. 성경이 하나님의 말씀으로 믿어지는 것은 하나님의 성령께서 감동을 주실 때만이 가능한 일임을 성경은 증언하고 있다.

지금 이렇게 하나님께 기도해 보자. "성경 말씀을 하나님의 감동으로 기록하신 하나님께서 저의 마음과 생각을 성령으로 감동하사 하나님의 말씀을 믿는 은혜를 베푸시옵소서."

성경이 만들어진 과정

성경은 기독교 신앙의 절대적 근거이다. 성경이 없으면 기독교도 없다. 구약성경 39권과 신약성경 27권의 책을 합하여 66권을 성경(The Bible)이라 한다. 구약성경(Old Testament), 신약성경(New Testament)

의 Testament란 뜻은 계약 혹은 유언을 말하며 또한 약속을 의미하기도 한다.

성경은 곧 하나님과 인간 사이의 '계약서'라고 말할 수 있다. 성경은 하나님께서 인간에게 말씀하신 약속이요, 하나님께서 사랑하는 자녀에게 말씀하신 유언과 같은 책이다. 신앙의 책으로 성경을 읽는다는 것은 곧 하나님과 인간의 관계를 약속의 관계로 맺는다는 것을 뜻한다.

구약성경의 기록과정을 1500년으로 추론한다. 그리고 신약성경의 기록 기간은 100년이었다. 신·구약 성경이 기록된 기간이 1600년이다. 그리고 40여 명의 기록자들에 의하여 완성되었다. 현재 우리가 가지고 있는 성경의 66권을 정경이라 인정하며, 우리 교회와 기독인들의 신앙의 표준으로 삼고 있다.

구약의 39권을 정경으로 확정한 것은 주후 90년 이집트의 알렉산드리아 북쪽에 위치한 얌니아(Jamnia)에서 모인 정통 유대교 지도자들의 회의에서였다. 구약성경의 선택기준은 인간을 구원하시는 메시아에 관한 하나님의 약속을 근거로 하였다. 즉 이 지상 역사 안에 인간을 구원하기 위하여 구원자를 보내신다는 하나님의 약속의 근거가 구약성경의 기준이 되었다.

신약성경은 하나님께서 구약성경에 약속하신 대로 구원자인 메시아를 보내서 인간을 구원하시는 하나님의 구원역사를 기록한 말쏨이다. 구약성경에 예언된 메시아가 곧 예수님이셨다.

신약성경 27권이 정경으로 채택된 것은 주후 397년 카르타고 교회 회의에서였다. 신약성경의 정경화 작업에서 학자들이 정경의 기준으로 삼은 것은 첫째, 기록자의 사도적 권위(사도성), 둘째, 성경으로서의 신학적 위치(정통성), 셋째, "예수 그리스도가 약속의 메시아임을 증언하고 있는가?"였다.

성경이 세계 속으로 전파된 것은 종교개혁을 계기로 성경번역 운동이 일어나기 시작하였을 때부터였다. 최초로 성경을 영어로 번역하게 된 것은 1382년에 옥스퍼드 대학교 교수였던 영국의 존 위클리프(John Wycliffe)에 의해서였다.

그 후 15세기 초, 틴데일(William Tyndale)에 의해서 영어 성경 번역 작업이 계속되었다. 그는 성경 번역 작업 중 투옥되어 16개월 후에 교수형을 당하고, 화형에 처해졌다. 오늘날 일부 사람들이 우상처럼 여기는 킹 제임스(The King James) 성경은 틴데일 성경 다섯 번째 개정판으로 알려져 있다.

이어 1901년에 미국 표준어판 성경(The American Standard Version)이 번역되었고 이어 1970년에 표준어성경(The New International Version)이 출판되었다. 그리고 현재 가장 많이 보급되고 있는 최신 국제판 성경(The New International Version)은 세계에서 가장 공신력 있는 13개 이상의 교단에서 선정된 복음주의 학자들에 의하여 1978년에 완성되었다.

성경이 우리에게 오기까지

성경은 현재 약 2,500종류의 언어와 방언으로 번역되어 세계에 보급되고 있다. 한국 땅에 성경이 처음으로 들어온 해는 1770년이다. 당시 중국에서 선교하던 프랑스 천주교 선교사가 한문으로 된 성서를 한국 땅에 들여온 것이다.

한편 1885년 한국 땅에 최초로 들어온 개신교 선교사였던 아펜젤러(Henry Gerhart Appenzeller, 1858-1902) 목사와 언더우드(Horace Grant Underwood, 1859-1916) 목사가 한국말로 번역된 마가복음을 가지고 들어왔다. 우리말로 신·구약 성경이 완전히 번역된 것은 1910년이었다. 이후 1937년에 다시 번역한 개역성경이 나왔고 이후로 한글 맞춤법에 맞도록 성경 번역 작업이 계속되었다.

하나님께서 인간 역사 안에 보물을 주셨다. 바로 성경이다.

성경은 어떻게 기록되었는가?

신약성경 디모데후서 3장 16절에서 바울은 "모든 성경은 하나님의 감동으로 된 것"임을 선언하고 있다. 또한 베드로후서 1장 21절에서 베드로는 성경은 "언제든지 사람의 뜻으로 낸 것이 아니요 오직 성령의 감동하심을 받은 사람들이 하나님께 받아 말한 것임이라"고 증언하고 있다.

성경을 기록한 것은 하나님의 성령께서 감동하시고 주도하신 결과이며 또한 여러 기록들 중에서 정경으로 채택되어 인류사에 하나님의 말씀으로 허락하신 것도 하나님의 성령께서 역사하신 결과이다.

"너희는 여호와의 책에서 찾아 읽어보라 이것들 가운데서 빠진 것이 하나도 없고 제 짝이 없는 것이 없으리니 이는 여호와의 입이 이를 명령하셨고 그의 영이 이것들을 모으셨음이라"(이사야 34장 16절)

구약성경은 인간을 죄와 죽음과 심판에서 구원하실 메시아 구원자를 인간 세상에 보내 주시겠다는 약속과 함께 그 메시아가 오실 역사의 통로를 만드시는 작업이었다.

사탄의 목적은 어떻게든지 인간을 죄와 죽음과 심판에서 구원하실 메시아가 오는 통로를 차단시키려는 것이었다. 그러나 하나님께서는 구원자이신 예수를 이 지상에 보내시려는 의지와 뜻을 포기하지 않고 끊임없이 역사를 주도해 오셨다. 그리고 드디어 인간을 구원하실 예수를 이 지상 역사 안에 보내셨다.

인간은 자신의 노력으로는 도저히 해결할 수 없는 세 가지 불가능한 사실이 있다. 그것은 죄(로마서 3장 23절)와 죽음(로마서 6장 23절)과 심판(히브리서 9장 27절)이다.

이 땅에 오신 예수님은 십자가에서 인간의 죄를 해결하셨고, 죽음에서 부활하셨고, 심판을 받으심으로 인간의 구원 문제를 해결하셨다. 이제 누구든지 예수님의 십자가 수난을 나를 구원하시기 위한 하나님의 사랑으로 믿는 사람들은 구원을 받고 하늘나라에 들어가도록 약속을 받은 것이다.

성경은 하나님께서 사람을 지극히 사랑하셔서 예수님을 통해서 죄인을 구원하시는 구원사의 이야기이다. 그러므로 믿음이란 성경에 기록된 하나님의 사랑을 믿는 것이다. 따라서 하나님의 사랑이 예수님을 통해서 십자가에 계시된 사실을 믿음으로 구원을 받을 수 있다. 예수님이 십자가의 고난을 받으심은 인간의 죄가 십자가에서 처형을 받을 만큼 악한 죄라는 것을 나타내며, 또한 하나님이신 예수님이 십자가에서 죽을 만큼 인간을 사랑하신다는 증거이다.

예수 믿는다는 말은 하나님의 사랑을 믿는다는 의미이다. 하나님의 사랑이 십자가에서 예수님을 통하여 폭로된 것이다. 성경은 예수 믿는 사람들, 즉 하나님의 자녀들을 위하여 영원한 하나님의 나라, 천국을 준비하셨다는 하나님의 사랑 이야기이다.

성경의 주제는 무엇인가?

성경의 주제는 무엇인가? 성경의 주제는 예수 그리스도이다. 성경은 예수님에 관하여 기록된 하나님의 이야기이다. 이 땅에서 33년을 살다가 처참하게 십자가의 형을 받아 죽은 후 다시 부활한 예수는 하나님이셨다.

하나님이 사람의 몸을 입고 죄와 죽음이 있는 고되고 슬픈 이 세상에 오셔서 사람들에게 참혹하게 맞아 피 흘리며 죽으셨다. 그리고 삼 일 만에 다시 부활하셨다. 인간의 영원한 미래와 운명은 하나님이 사람 되어 이 지상 역사 안으로 들어오셔서 십자가에서 참혹한 죽음을 당한 후 삼 일 만에 다시 부활하셨다는 사실에 대한 반응으로 결정된다는 것이 성경의 주제이다.

예수님은 누구신가? 예수님에 대한 반응이 사람의 영원한 운명을 결정하는 요인임을 성경은 증언하고 있다. 예수님이 우주와 만물을 창조하신 하나님이었음을 증언하는 가장 확실한 증거가 부활이다.

성경은 예수님이 죽었다가 다시 살아나셨다는 이야기다.

　사람이 극복할 수 없는 가장 큰 절망이 있다면 그것은 죽음이다. 그런데 예수님은 죽음을 이기고 부활하셨다. 성경은 예수님의 죽음을 현미경으로 들여다보듯이 자세히 기록하고 있다. 그리고 예수님이 죽음을 이기고 다시 부활하신 상황을 세밀하게 기록하고 있다. 만약 예수님이 죽었다가 다시 부활하셨다는 역사적 사실이 없다면 성경은 무효이다. 그리고 세상과 인간은 아무런 희망을 가질 수가 없다. 예수님의 부활이 거짓이라면 인간은 영원한 절망이다.

　인간 역사 안에서 가장 위대한 사건으로 두 가지를 꼽을 수 있다. 하나는 하나님께서 천지를 창조하셨다는 사실과 또 하나는 예수님이 죽었다가 부활하셨다는 역사적 사실이다. 하나님이 계신 것과 하나님께서 행하신 모든 성경 사건의 진실은 예수님의 부활이 증명하고 있다.

　예수님의 죽음은 역사적인 사실이었을까? 예수님은 신성모독죄로 재판에 넘겨졌다. 자신을 하나님이라고 서슴지 않고 말하는 언행을 문제 삼아 재판에 넘겨졌다. 그리고 사형선고를 받았다. 이때 예수님을 재판한 재판장이 빌라도라는 총독이었다.

　예수님에게 사형선고가 내려졌고 예수님의 사형집행은 십자가형으로 진행되었다. 총독의 군병들은 예수님의 옷을 다 벗기고 5-7cm 되는 가시로 관을 만들어 예수님의 머리에 씌우고 무릎을 꿇게 하여 희롱하며, 예수님의 얼굴에 침을 뱉고 머리에 씌웠던 가시관을 몽둥이로 내려치는 잔인함으로 고통을 가했다.

예수님은 사형수에게 가하는 채찍에 맞았다. 예수님을 쳐댄 채찍은 대략 2-3m 되는 가죽 채찍에 쇠붙이 유리 조각 등을 붙여 만든 것으로 알려졌다. 이것으로 매를 치면 온몸이 걸레처럼 찢겨지고 속뼈가 드러나 온몸은 상처와 피투성이가 된다.

예수님은 갈기갈기 찢긴 피투성이 몸으로 70kg 상당의 사형틀인 십자가의 가로대를 어깨에 메고 비아 돌로로사(Via Dolorosa) 슬픔의 언덕길 골고다로 올라갔다. 예수님은 그날 사형언도를 받아 처형당하는 두 강도와 함께 처참하게 십자가형으로 숨지고 말았다. 바로 숨지기 전 예수님의 마지막 말은 "내가 다 이루었다"였다. 인간을 죄와 죽음과 심판에서 구원하시려는 하나님의 계획을 다 완성하였다는 의미이다. 십자가형은 사람이 사람에게 가할 수 있는 최고의 악형으로 고안된 것이었다.

> "그 후에 예수께서 모든 일이 이미 이루어진 줄 아시고 성경을 응하게 하려 하사 이르시되 내가 목마르다 하시니 거기 신 포도주가 가득히 담긴 그릇이 있는지라 사람들이 신 포도주를 적신 해면을 우슬초에 매어 예수의 입에 대니 예수께서 신 포도주를 받으신 후에 이르시되 다 이루었다 하시고 머리를 숙이니 영혼이 떠나가시니라"(요한복음 19장 28-30절)

예수님은 십자가형으로 처참하게 죽었다. 예수님의 사형을 집행했던 군병들은 창으로 예수님의 옆구리를 찔러 죽음을 확인하였다. 예수님은 참혹한 십자가 형틀에서 죽었다. 그러나 예수님의 시신을 거둘 만한 사람이 없었다. 제자들은 다 제 살길을 찾아 도망하였고, 열광했던 사람들은 오히려 예수님을 십자가에 못 박으라고 아우성치고 제 집으로 모두 돌아가 버렸다.

십자가에 매달려 처참하게 사형당한 사형수들의 시체는 들짐승이나 독수리들의 먹이가 되었다. 다행히 아리마대 사람 요셉이 예수님의 시신을 인계받아 자신의 무덤으로 준비된 곳에 장사하였다. 예수님을 따라 다녔던 사람들은 다 끝났다고 생각하고 각기 흩어져 돌아갔다.

예수님도 죽음으로 생을 끝냈다. 사람의 마지막은 죽음으로 막을 내린다. 죽음 앞에 장사가 있겠는가? 죽으면 그만인 걸. 인간 존재를 이 세상에서 영원히 끝내 버리는 방법은 죽음뿐이다. 죽음은 지상에 살아있는 사람에게는 영원한 절망이다. 예수님도 그렇게 죽었다. 사람들은 예수도 죽음이 끝이라고 여겼다.

그런데 삼 일 후, 안식일이 지난 첫날 이른 새벽 세상을 뒤흔들 천지개벽 같은 소리가 들리기 시작했다. 예수가 다시 살아났다는 소식이었다. 예수가 죽음에서 다시 부활했다는 이야기였다.

이른 새벽에 예수님의 무덤을 찾아갔던 사람들은 세상 밑바닥에서 짓눌리고 서럽게 살아왔던 여인들이었다. 세상은 자신들을 버러지 보듯 하였지만 예수님은 자신들을 사람 대접해주며 하늘나라가 너희 것이라고 삶의 위로와 용기를 주었다. 여인들은 예수님을 보고 싶어하는 안타까운 마음으로 이른 새벽 무덤을 찾아갔던 것이다.

> "천사가 여자들에게 말하여 이르되 너희는 무서워하지 말라 십자가에 못 박히신 예수를 너희가 찾는 줄을 내가 아노라 그가 여기 계시지 않고 그가 말씀하시던 대로 살아나셨느니라 와서 그가 누우셨던 곳을 보라"
> (마태복음 28장 5-6절)

그런데 이게 웬일인가. 무덤이 비어 있었다. 그리고 부활하신 예수님이 그 여인들을 만나 주신 것이었다. 예수님이 부활하셨다는 소식은 두려워 떨고 있는 제자들에게 전해졌다. 예수께서 부활하셨다는 소식을 들은 제자들은 무덤으로 달려가 빈 무덤을 확인하였다.

부활하신 예수님은 제자들을 만나 주셨다. 예수님이 부활하셨다는 부활 사건을 내가 직접 확인하지 않고는 믿을 수 없다고 했던 도마라는 제자에게 예수님이 직접 나타나셨다. 손바닥에 난 못 자국과 옆구리의 창 자국을 만져 본 도마는 그 자리에서 엎드러졌다. 도마는 부활하신 예수님을 확인하는 순간 그 앞에 엎드려 "나의 하나님, 나의 하나님"이라고 부르짖었다.

예수님이 부활하셨다. 이 사건은 역사적 사실이다. 여기서부터 하늘나라의 소망이 시작되었다. 죽어도 다시 사는 길이 있음이 역사적 사건으로 증명되는 순간이었다. 인간 역사 이래 최초, 최고의 희망으로 확인된 사건이었다. 그러나 사탄의 세력은 예수의 부활을 거짓으로 만들기 위해서 당시 종교 지도자들과 권력자들을 동원하여 거짓 음모를 꾸미기 시작하였다. 사탄은 거짓의 영이다.

> "너희는 너희 아비 마귀에게서 났으니 너희 아비의 욕심대로 너희도 행하고자 하느니라 그는 처음부터 살인한 자요 진리가 그 속에 없으므로 진리에 서지 못하고 거짓을 말할 때마다 제 것으로 말하나니 이는 그가 거짓말쟁이요 거짓의 아비가 되었음이라"(요한복음 8장 44절)

사탄의 목표는 예수의 부활이 거짓이라는 음모를 꾸며 세상이 믿지 못하도록 하는 데 있다. 지금도 사탄의 이 작업은 계속되고 있다.

첫째, 빈 무덤은 예수의 제자들이 시체를 훔쳐 갔기 때문이라고 조작하였다. 예수가 재판받아 처형당하는 과정에서 예수를 따라 다녔던 제자들은 한 사람도 남김없이 다 도망쳐 버리고 말았다. 하물며 무덤에서 썩어가고 부패해 가는 시체를 무엇 때문에 훔쳐 갔겠는가?

둘째, 예수는 죽은 것이 아니라 잠시 기절했다가 땅 냄새를 맡고 다시 살아났다는 예수의 기절설을 퍼트렸다. 십자가형은 사형수가 완전히 죽을 때까지 고통을 가하는 사형법이었다. 십자가 처형에서 마지막으로 하는 일은 사형수의 완전한 죽음을 확인하는 일이었다. 예수가 완전히 죽었다는 사실은 사형 집행자가 예수의 옆구리를 창으로 찔러 확인한 것을 통해 알 수 있다.

셋째, 예수를 너무 보고 싶어하던 제자들이 환상을 보았다는 주장이다. 예수를 보고 싶어한 제자들이 착시현상으로 환상을 보고 예수가 부활했다고 주장한다는 말이었다. 예수께서 부활하셨음을 한두 사람이 비몽사몽간에 봤다고 하면 거짓이라고 할 수도 있을 것이다. 그러나 새벽에 예수의 무덤을 찾아간 여인들과 열한 명의 제자들, 그리고 500여 명의 사람들이 똑같이 부활하신 예수님을 목격했다. 예수께서 살아있을 때도 두려워 도망했던 사람들이 죽은 시체를 위해서 무엇 때문에 목숨을 걸고 예수님이 부활하셨다고 말하겠는가?

그때부터 지금까지 예수가 부활하셨다는 소식을 전하다가 참혹하게 순교한 사람들의 수는 헤아릴 수가 없다. 그러나 예수님의 부활은 사탄의 세력을 참패시키고 하나님의 영원한 승리를 선포한 우주적인 사건이었다.

예수님의 부활, 여기서부터 기독교가 시작되었다. 예수님이 부활하신 후 일 년 동안 예루살렘에서 예수님을 믿은 사람들이 약 125,000명에 달했다는 기록이 있다. 예수님이 부활하신 확실한 증거는 예수님 자신이었다. 그리고 부활하신 예수님을 직접 보았던 제자들과 감람산에서 예수님의 승천을 지켜보았던 500여 명의 사람들이 예수님의 부활의 증인들이었다.

2000여 년의 기독교 역사는 부활하신 예수님을 증언하는 역사였다. 예수님의 부활을 경험하고 믿는 사람들이 전 세계로 확산되기 시작하였다. 예수님의 부활을 믿는 사람들이 그리스도인들이다. 예수님의 부활을 믿고 전파한다는 이유로 2000년 동안 약 6천 6백만 명 이상의 사람들이 순교한 것으로 추산한다. 예수님의 부활은 이 세상 넘어 또 하나의 영원한 하나님의 나라 천국을 소망하게 하신 하나님의 가장 큰 약속이다.

"하나님은 왜 자신의 존재를 똑똑히 드러내지 않는가?" 이병철 회장의 하나님에 대한 간절한 열망이 담긴 질문이다. 질문에 대한 답변은 이렇다. 하나님께서 인간 세상에 자신을 가장 확실하게 드러내신 증거가 예수님의 부활 사건이다.

성경은 인류역사 안에서 일어난 세 가지 큰 사건을 기록하고 있다.

첫째는 창세기 1장 1절 말씀이다.

"태초에 하나님이 천지를 창조하시니라"

천지 만물을 창조하신 분이 하나님이심을 선언한 말씀이다.

둘째는 마태복음 28장 6절 말씀이다.

"그가 말씀하시던 대로 살아나셨느니라"

예수님이 십자가에 죽으셨다가 삼 일 만에 부활하셨다는 역사적 사실의 선언이다.

셋째는 사도행전 2장 4절 말씀이다.

"그들이 다 성령의 충만함을 받고 성령이 말하게 하심을 따라 다른 언어들로 말하기를 시작하니라"

오직 성령의 능력으로만 부활 사실을 믿게 될 뿐만 아니라, 부활하신 예수님을 통하여 새로운 삶이 시작됨을 증거한다.

하나님의 일은 오직 하나님께서 성령으로만 행하신다. 성경이 하나님의 말씀으로 믿어지는 것이 하나님이 살아계신 증거가 아니겠는가?

성경은 역사적 사실의 기록이다

1963년 미국에서 발행되는 〈이브닝 월드〉라는 잡지에 충격적인 기사가 보도되었다. 미국이 한창 우주탐험에 열을 올리고 있을 때 천문학자들은 태양계의 행성에 관한 정보를 얻기 위해 컴퓨터의 작동을 지켜보고 있었다. 태양을 돌고 있는 지구의 궤도를 측정하고 낮과 밤의 시간 오차를 확인하기 위해서였다.

숨을 죽이고 컴퓨터의 작동을 지켜보고 있던 학자들은 모두 충격을 받았다. 갑자기 컴퓨터에 이상신호가 들어왔기 때문이다. 하루가 없어졌다는 정보였다. 어떻게 이런 일이 있을 수 있는가? 학자들은 없어져 버린 하루의 수수께끼를 풀기 위해 고대문서와 천문학 자료들을 찾아보았으나 어느 곳에서도 밝혀낼 수가 없었다. 모두 심각한 고민에 빠져 있을 때 학자 중에 가장 나이 어린 사람이 이런 말을 했다.

"제가 어렸을 때 성경에 해가 온종일 머물러 있었다는 이야기를 들은 적이 있습니다." 모두 웃었지만 책임 과학자는 그 자료를 찾아보기로 하였다.

이야기는 구약성경 여호수아 10장 13절이었다. "태양이 중천에 머물러서 거의 종일토록 속히 내려가지 않았다"라는 기록이 있음을 찾아내었다. 대략 주전 1500년의 기록이었다. 우주학자들이 이때의 천체상황을 역추적한 결과 정확하게 23시간 20분이라는 시간이 컴퓨터에 표시되었다. 그러나 또다시 40분이라는 시간의 행방을 알 수가 없었다. 학자들은 잃어버린 40분의 정체도 성경에서 찾아내었다.

구약성경 이사야 38장 8절에 태양의 그림자가 10도 뒤로 물러갔다는 기록을 찾아 당시 천체의 상황을 확인하게 되었다. 이사야라는 사람은 지금부터 2700년 전 사람으로 유다 나라의 예언자였다. 당시 히스기야 왕이 죽을병에 들었을 때 하나님으로부터 15년을 더 살 것이라는 약속을 받았다. 이때 하나님께서 약속의 증표로 "해 그림자를 뒤로 십 도를 물러가게 하리라" 하신 기록이 있음을 알아냈다. 그리고 태양의 십 도 궤도는 지구 시간으로 40분임을 알아냈다. 학자들은 성경이야말로 우주와 인간에 대한 역사적 사실을 한 치의 착오 없이 기록한 하나님의 책임을 믿게 되었다는 기사였다.

나는 나의 젊은 날에 이 이야기를 접하게 된 것을 감사하게 생각한다. 이후에 성경을 생각하고 대하는 태도가 전혀 달라졌기 때문이다. '성경은 사실이다.' 이것이 나의 믿음이고 확신이다.

나는 성경을 사실로 믿고 사는 사람이다. 나는 성경은 사실이라고 가르치고 설교한다. 성경은 하나님의 계획이 이루어진 사실, 이루어지고 있는 사실, 이루어질 사실로 믿어야 한다. 나와 당신이 믿든지, 안 믿든지, 못 믿든지 상관없이 성경대로 역사는 이루어져 왔고 진행되고 있으며 이루어질 것이다.

성경을 이 세상 여러 종교 서적 중의 하나이거나 철학 또는 사상을 기록한 책들 중의 하나라고 마음대로 생각하지 마라. 나의 서재에는 만 권 가량의 책이 쌓여 있다. 그러나 내 책상 위에 평생 동안 24시간 펼쳐져 있는 책은 오직 성경뿐이다.

성경에 기록된 제일 첫 문장이 무엇인지 아는가? "태초에 하나님이 천지를 창조하시니라"(창세기 1장 1절)라는 말씀이다. 이게 착하고 선하게 살라는 말인가? 종교 행위를 하고 도를 닦으라는 말인가? 인생을 연구하고 생각해 보라는 말인가? 아니다. 사실을 기록했을 뿐이다. 성경은 역사적 사실이다.

우주와 인간의 시작에 관한 기록부터 인간의 비극과 죽음의 원인, 그리고 죽음 후의 영원에 관한 사실과 인류 역사의 종말에 관한 기록이다. 이는 우주와 인간의 시작 시점부터 끝나는 마지막 시점을 한눈에 내려다보는 분이 아니면 기록할 수 없는 사건이다.

인간의 운명은 본인의 생각에 관계없이 성경에 기록된 대로 진행되고 있다. 우주와 인간 역사도 지금 성경대로 진행되고 있다. 하나님의 계획대로 이루어지고 있다는 말이다. 성경을 신화나 소설이나 꾸며낸 가상의 이야기로 쉽게 여기지 마라. 성경을 한 번도 보거나 들어 본 적이 없으면 차라리 모른다고 해라.

하나님을 알고 싶은가? 그렇다면 성경을 보라. 성경이 하나님의 존재를 증명하고 있다. 하나님께서는 하나님 자신에 관한 이야기를 성경에 기록하셨다. 이를 성경이라 한다. 하나님을 만나려면 성경을 보라. 성경은 하나님께서 하나님 자신의 계획과 활동을 기록한 책이다.

하나님의 존재를 어떻게 증명할 수 있는가? 하나님께서 계시냐 안 계시냐의 증명은 사람이 하는 것이 아니라 하나님 스스로 우리에게 나타내 주실 때만이 가능하다. 이를 계시라 한다. 하나님은 사람이 연구하고 노력해서 찾을 수 있는 존재가 아니라, 하나님 자신이 우리에게 가르쳐 주시고 보여 주시는 만큼만 알 수 있다.

하나님은 하나님 자신이 누구인지, 무엇을 하시는 분인지, 어디에 계시는지, 하나님의 시간은 언제인지, 왜 그렇게 하시는지, 목적은 무엇인지, 어떻게 이루어 가시는지에 관해서 그리고 나그네, 여자, 왕, 농부, 어부, 어린아이, 숙녀, 노인, 군인, 청년, 노예, 주인, 약소국, 강대국, 부자, 빈곤자 등 수없는 나라와 사람들에게 오셔서 자신을 나타내셨다.

이 하나님의 역사를 기록하는 데 1600년이 걸렸고 약 40여 명의 기자들이 동원되었다. 이 책 모두를 합한 66권을 하나님께서 우리 인간에게 주신 유일한 하나님의 말씀이라 믿고 있다. 이를 성경이라 한다. 이 66권 성경만을 하나님의 유일한 계시의 말씀으로 믿는 교회를 정통 기독교라 한다. 오직 성경을 통해서만 하나님을 알 수 있고 오직 성경에 계시된 하나님만이 참 하나님이시라는 믿음이다.

성경에 계시되지 않은 하나님을 믿고 말하는 이들을 우리가 사이비 이단이라고 하는 이유가 여기에 있다. 하나님께서는 이미 성경을 통해서 자기 자신을 스스로 증명하고 계시며 확실하고 분명하게 자신을 드러내셨다.

성경은 하나님께서 행하신 일들을 역사적 사실로 기록한 책이다.

神은 人間을 사랑 했다면, 왜 苦痛과 不幸과
(신) (인간)   (고통)   (불행)
죽음을 주었는가?

— 삼성 창업주 이병철 회장의 마지막 질문

Question 5

**인간의 고난과
죽음에 대하여**

신은 인간을 사랑했다면,
왜 고통과 불행과 죽음을 주었는가?

너는 흙이니 흙으로 돌아갈 인생아!
어찌하여 죽어 나오지 아니하였던가?
하나님, 저에게 왜 이러세요?
가시의 아픔 때문에
누구의 죄 때문입니까?

너는 흙이니
흙으로 돌아갈 인생아!

　왜? 고난이 인간 역사 안에 시작되었는가? 삼성 창업주 이병철 회장이 인간의 고난에 관하여 질문하였다. "신은 인간을 사랑했다면, 왜 고통과 불행과 죽음을 주었는가?"

　지상에 살아가는 모든 인간은 삶의 여정에서 어떤 형태이든 간에 고난과 시련을 마주치지 않을 수 없다. 인생을 살아가면서 고난 없이, 고통 없이 한세상을 희극적으로만 살다가 세상을 떠나는 사람이 어디 있겠는가? 사람이 살아가는 방식에 관계없이 고난과 불행과 죽음은 누구에게나 닥쳐온다. 사람의 세상 지위나 능력에 관계없이 고난은 온다. 때로는 까닭 없이 이유 모를 고난과 시련이 온다.

　사람의 지위나 지식, 노력에 관계없이 언제든지 고통은 온다. 고난은 시간을 정해 놓고 오지 않는다. 장소도 상관없다. 시도 때도 없이 환난이 온다. 생각도 못한 시련이 불어닥칠 때가 있다. 인간이 얼마나 불안한 비운의 존재인가?

왜, 하나님은 인간에게 고통과 불행과 죽음을 주었는가? 이 질문에 관한 설명은 성경을 통해서 증언할 수밖에 없다. 세상과 인간의 삶을 시작하신 분은 하나님이기 때문이다. 하나님은 완전한 지적 능력을 가진 전능자일 뿐만 아니라 그의 속성으로 사랑과 공의가 공존하고 있는 전능하신 분이다.

하나님은 사랑이시기 때문에 만물과 사람을 창조하신 이유는 하나님의 사랑이 근거가 된다. 왜냐하면 사랑은 사랑하는 자에게 전달되지 않으면 사랑이 아니기 때문이다. 하나님께서 우주와 만물을 창조하시고 사랑의 대상으로 하나님의 형상을 본따 특별한 사람을 창조하신 이유가 있다. 그것은 하나님은 사랑이시기 때문이다.

요한일서 4장 7-8절 말씀이다.

> "사랑하는 자들아 우리가 서로 사랑하자 사랑은 하나님께 속한 것이니 사랑하는 자마다 하나님으로부터 나서 하나님을 알고 사랑하지 아니하는 자는 하나님을 알지 못하나니 이는 하나님은 사랑이심이라"

하나님께서 사랑의 계시적 실존으로 창조하신 존재가 바로 사람이다. 우주와 세상 만물 안에 오직 인간만이 하나님의 말귀를 알아듣고, 이에 반응하고, 하나님의 사랑에 응답하고, 고백하며, 하나님께 예배하는 존재이다.

그런데 왜, 하나님께서 사랑하는 사람에게 고통과 불행과 죽음을 주셨는가? 하나님께서 만물을 창조하시고 얼마나 기뻐하셨는지 "하나님이 보시기에 좋았더라"는 말이 창조 때마다 반복해서 성경에 기록되어 있다. 하나님은 웃으시고 기뻐하시며 즐거워하시는 감정이 풍부한 분이며 뜨거운 사랑을 소유하고 계신 분이다. 또한 하나님은 슬퍼하시고 그리워하시고 탄식하시고 눈물을 흘리시며 안타까워 우시는 분이기도 하다.

하나님께서 세상 만물을 창조하신 후 "보시기에 좋았더라"고 행복해 하며 미소 지으시는 다정하고 따뜻한 하나님의 모습을 성경은 기록하고 있다. 특히 "하나님이 이르시되"(God said)라는 말씀의 능력으로 세상 만물을 창조하셨다. 만물은 없는 것을 있게 하시는 하나님의 능력으로 창조되었다. 그러나 사람은 하나님께서 손수 직접 만드셨다.

사람의 창조는 '야찰'이라는 말로 표현되어 있다. 이는 어떤 작가가 특정한 모델을 대상으로 작품을 조각하듯이 하나님께서 하나님 자신을 모델로 삼아 심혈을 기울여 사람을 만드신 것을 말한다. 하나님께서 사람을 우주의 면류관으로 손수 창조하신 것이다. 성경 에베소서 2장 10절에 기록된 말씀이다.

"우리는 그가 만드신 바라"

We are God's workmanship.

우리는 하나님의 걸작품이라는 말이다. 사람은 우주 안에서 하나님의 모습이 담긴 유일한 존재로 지음을 받았다. 이렇게 하나님의 사랑과 은총으로 지음 받은 하나님의 걸작품인 하나님의 자녀들에게 하나님께서 고통과 불행과 죽음을 주셨겠는가?

하나님은 하나님을 닮은 하나님의 자녀들을 창조하신 후 특별한 삶의 거처를 마련하여 주셨다. 이것이 곧 에덴동산이었다. 에덴동산이라는 말은 '기쁘고 즐거운 곳', 또는 '울타리'라는 뜻을 가지고 있다. 하나님은 사랑스러운 하나님의 자녀들에게 기쁘고 즐겁게, 행복하게 살도록 아름다운 축복의 동산을 마련해 주셨던 것이다. 그리고 하나님의 품으로 보호해 주시는 은혜와 사랑 안에서 살도록 허락하셨다.

하나님은 인간이 하나님께서 주신 신비로운 생명과 자유를 누리며 에덴의 행복을 즐거워하는 가운데 인간 존재의 근원이 하나님임을 잊지 않기를 바라셨다. 하나님은 에덴동산에 각종 실과를 맺는 나무와 생명나무와 선악나무를 심으시고 각종 실과는 자유롭게 임의로 먹되 선악을 알게 하는 나무의 열매는 먹지 말라고 명하셨다.

인간에게 주어진 최초의 법이었다. 법의 정신은 '하나님을 기억하라'는 것이었다. 사람에게 필요한 법은 하나면 된다. 하나님을 기억하고 하나님의 사랑을 믿는 것이 전부이다. 지금도 예수님을 믿는 법 하나면 그 많은 법이 무슨 소용이 있겠는가? 사람은 자존자가 아니다. 사람은 스스로 존재할 수 없다. 오직 하나님에 의해서 존재하고 하나님에 의해서 생존이 가능한 피조물임을 기억하라는 말이다.

하나님께서 에덴동산을 허락하신 다음 "동산 각종 나무의 열매는 네가 임의로 먹되 선악을 알게 하는 나무의 열매는 먹지 말라 네가 먹는 날에는 반드시 죽으리라"(창세기 2장 16-17절)고 하셨다. 하나님의 법을 순종하는 것은 생명이지만, 하나님의 법을 지키지 않는 것은 죽음이라는 말이다. 그런데 여기 아름다운 하나님의 동산에 사탄이 뱀으로 들어와 하와에게 접근한다.

"뱀이 여자에게 이르되 너희가 결코 죽지 아니하리라 너희가 그것을 먹는 날에는 너희 눈이 밝아져 하나님과 같이 되어 선악을 알 줄 하나님이 아심이니라"(창세기 3장 4-5절)

하나님과 같이 된다는 사탄의 유혹에 하와는 선악과를 따먹고, 아담에게도 주어 먹게 하였다. 하나님의 법을 깨뜨린 아담과 하와는 하나님을 믿지 않는 위법자가 되어 죄인으로 전락하고 말았다는 것이 성경의 기록이다. 이로써 태초의 인간은 하나님 앞에 범죄자가 되었다. 하나님은 범죄자와 함께 거할 수 있는 분이 아니다. 왜냐하면 하나님은 사랑의 속성을 가지고 계시지만 또한 공의가 하나님의 속성이기 때문이다.

하나님은 선악과를 따먹으면 "반드시 죽으리라"고 말씀하셨다.

그러나 사탄은 선악과를 따먹어도 "결코 죽지 아니하리라 오히려 너희 눈이 밝아져 하나님과 같이 되리라"는 거짓과 유혹으로 하나님의 사랑과 은총을 배반하게 하였다.

죄란 하나님을 믿지 않는 것이다. 따라서 하나님의 말씀을 믿지 못하도록 유혹하는 사탄을 따르는 것이 죄이다. 뿐만 아니라 하나님을 믿지 않고 선악과를 따먹은 인간은 죄인이 되었다. 타락한 인간은 가짜 하나님 흉내를 내는 교만과 포악한 존재로 전락하였다.

인간이 운명적으로 고통과 불행과 죽음을 피할 수 없는 존재가 된 것은 하나님이 주신 것이 아니라, 인간 스스로가 하나님의 은혜와 사랑을 믿지 않고 사탄을 믿었기 때문이다. 이것이 인간의 죄요, 불행의 비극임을 성경은 기록하고 있다. 하나님을 믿지 않고 사탄을 믿은 죄의 결과 인간은 에덴동산에서 추방과 함께 불행과 고통과 죽음을 맞게 된 것이다. 하나님을 믿지 않고 배신한 것을 성경은 죄라고 말한다.

하나님을 믿지 않은 죄의 결과는 무엇인가? 첫째, 에덴동산에서 쫓겨나는 비극을 가져왔다(창세기 3장 24절). 둘째, 하나님을 피하여 두려움 속에 살게 되었다(창세기 3장 8절). 셋째, 삶이 행복이 아니라 고통이고 저주였다(창세기 3장 17절). 넷째, "너는 흙으로 돌아갈 것이니라"는 죽음이었다(창세기 3장 19절).

인간은 죽음의 운명을 피할 수 없는 존재가 되었다. 하나님을 믿지 않고 사탄을 믿은 결과는 인간에게 불행과 고통과 죽음뿐이었다. 하나님을 믿지 않는 것을 죄라고 한다. 그래서 성경은 인간을 죄인이라고 부른다.

죄인이 된 인간은 동생을 돌로 쳐 죽일 만큼 잔인한 존재로 추락하였다. 하나님을 믿지 않는 인간은 자신을 절대적인 존재로 여겨 스스로 하나님과 같은 존재로 행세하며 산다. 뿐만 아니라 하나님과 사람에게 범죄자로 살다가 영원한 죽음으로 들어가는 비극적 존재가 되었다.

하나님께서 인간에게 고통과 불행을 주신 것이 아니라, 인간이 하나님을 믿지 않은 결과임을 성경은 말하고 있다. 인간을 죄인이라 하는 이유는 하나님을 믿지 않았기 때문이다. 세상 어느 아비가 자식에게 고통과 불행과 죽음을 주겠는가?

어찌하여 죽어 나오지 아니하였던가?

"어찌하여 내가 태에서 죽어 나오지 아니하였던가 어찌하여 어머니가 해산할 때에 내가 숨지지 아니하였던가. 어찌하여 무릎이 나를 받았던가 어찌하여 내가 젖을 빨았던가"(욥기 3장 11-12절)

우스 땅에 욥이라 이름하는 성자 같은 어른이 살고 있었다. "그 사람은 온전하고 정직하여 하나님을 경외하며 악에서 떠난 자더라"(욥기 1장 1절)고 성경은 소개하고 있다. 흠 잡을 데 없는 인격과 성품이 고매한 사람이었다. 더욱이 하나님을 경외하며 깊고 높은 신앙으로 여러 사람의 존경과 사랑을 받는 사람이었다.

어느 날이었다. 들판에서 일을 하던 하인들이 집으로 급히 달려와 욥에게 보고하였다. 스바 사람들이 몰려와 들판에서 풀을 뜯어 먹고 있던 모든 가축을 빼앗아가고 종들을 모두 칼로 죽였다는 이야기였다. 얼마 후에 이어서 달려 들어온 종의 이야기는 하나님의 불이 하늘에서 내려와 양떼를 지키던 종들을 다 죽였다는 것이었다.

욥이 답답한 이야기를 듣고 있는 중에 또 다른 종이 달려와서 말하였다. 갈대아 사람들이 몰려와 한 마리도 남김없이 약대를 탈취하고 종들을 칼로 다 죽였다는 이야기였다. 잠시 후 숨을 고를 새도 없이 또 한 사람의 종이 얼굴이 백지장이 되어 달려오더니 "갑자기 큰 바람이 불어와 집의 기둥들이 다 부러지고 집채가 내려앉아 욥의 열 자녀들이 모두 깔려 죽었다"는 소식을 전하였다.

욥을 떠받쳐주고 있던 그 많던 재산이 한순간에 풍비박산되어 다 날아간 것이었다. 뿐만 아니라 눈에 넣어도 아프지 않을 귀하고 사랑스러운 열 자식이 한순간에 모두 집이 무너져 급사하였다. 욥은 겉옷을 찢고, 머리털을 밀고 땅에 엎드려 하나님께 부르짖는다.

"내가 모태에서 알몸으로 나왔사온즉 또한 알몸이 그리로 돌아가올지라 주신 이도 여호와시요 거두신 이도 여호와시오니 여호와의 이름이 찬송을 받으실지니이다"(욥기 1장 21절)
"이 모든 일에 욥이 범죄하지 아니하고 하나님을 향하여 원망하지 아니하니라"(욥기 1장 22절)

재산이 다 날아가고 열 자식이 다 급사하여 죽었어도 하나님을 원망하지 않고 하나님의 행하시는 참혹한 역사 앞에 무릎을 꿇고 하나님을 기다리고 있는 욥이라는 사람의 신앙이 우리에게도 가능할 것인가?

욥은 얼마 후 청천벽력 같은 답답한 일을 또 만나게 된다. 온몸에 악창이 나서 사지백체가 썩어가는 질병에 걸려든 것이다. 재 가운데 앉아 기왓장으로 썩어가는 몸뚱어리를 긁적거리며 울래야 울 수도 없도록 눈물마저 바싹 말라버린 동방의 의인이라 불렸던 저 성자 같았던 욥에게 태풍처럼 몰아붙인 고난의 정체는 무엇인가?

이렇게 처참하게 찢기고 부서져 버린 욥에게 마지막 남았던 한 사람, 그의 아내는 누구였을까? 한순간에 찢어지고 부서진 참혹하기 짝이 없는 이 어른에게 평생을 함께 살아온 아내라는 여인의 저주를 들어보라. "차라리 하나님을 욕하고 죽으라"고 퍼붓는 그의 아내의 분노와 저주를 어떻게 견뎌낼 수 있단 말인가? 그럼에도 이해할 수 없는 고난과 저주의 한복판에서 욥은 이렇게 항변한다.

> "그대의 말이 한 어리석은 여자의 말 같도다 우리가 하나님께 복을 받았은즉 화도 받지 아니하겠느냐 하고 이 모든 일에 욥이 입술로 범죄하지 아니하니라"(욥기 2장 10절)

욥은 말로 다할 수 없는 참혹한 고난 속에서도 하나님을 원망하지 않는다.

> "내가 난 날이 멸망하였더라면, 사내 아이를 배었다 하던 그 밤도 그러하였더라면, 그 날이 캄캄하였더라면, 하나님이 위에서 돌아보지 않으셨더라면, 빛도 그 날을 비추지 않았더라면"(욥기 3장 3-4절)
> "나에게는 평온도 없고 안일도 없고 휴식도 없고 다만 불안만이 있구나"
> (욥기 3장 26절)

이유 모를 고난의 수렁 속에서 탄식하며 울부짖는 의인은 이 세상에 태어난 생일날을 저주한다. 그리고 "어찌하여 내가 태에서 죽어 나오지 않았던가", 이 세상에 살아 있음을 견딜 수 없어 하는 고난당하는 자의 피맺힌 절규가 탄식으로 물 쏟아지듯 한다.

동방의 의인이라 불리던 욥에게 고난을 허락하신 분은 하나님이 아니신가? 그의 고난은 인생을 떠받쳐주는 받침돌이 다 파멸된 것과 같았다.

첫째, 재산의 파멸로 오는 고난이었다. 평생 허리띠를 졸라매고 손톱으로 바위 뜯듯 모은 재산이 하루아침에 물거품 사라지듯이 풍비박산 나는 고난이었다.

둘째, 눈에 넣어도 아프지 않을 자식들의 죽음이었다. 자식들의 죽음은 눈 감아 세상 떠날 때까지 잊을 수 없는 슬픔과 애통함이 아니겠는가? 세월 간다고 잊혀질 슬픔이 아니다. 가슴에 묻은 자식들의 죽음을 무엇으로 위로받을 수 있겠는가?

셋째, 육체가 썩어 들어가는 병마로 인한 처절한 고통을 무엇으로 이길 수 있겠는가?

그래, 그렇다고 하자. 마지막 혀를 깨물고 원망스러운 세상을 끝내고 싶은 고난이 무엇이겠는가? 그것은 사랑하는 사람으로부터 오는 배신이 아닌가. 욥은 평생 함께 살아온 여인으로부터 배신과 거절을 당한다. "차라리 하나님을 저주하고 죽으라"는 아내의 비정한 말 한마디는 비수가 되어 가슴에 박힌다. 그럼에도 불구하고 욥은 삶의 한복판에서 이유를 모른 채 당하는 고난에 대하여 끝까지 하나님을 원망하지 않는다.

하나님을 사랑하고 섬기는 이유가 무엇인가? 하나님을 사랑하는데 이유가 있는가? 하나님을 사랑하는 이유와 조건은 무엇인가? 누군가를 사랑하고 있다면 이유는 무엇인가?

하나님께서 요구하시는 신앙은 무엇일까? 동방의 의인이며 성자처럼 존경받던 욥이라는 어른에게 왜 이렇게 참혹한 고난이 닥친 것일까? 하나님께서 욥에게 고난을 허락하신 뒷이야기를 들어보자.

하나님께서 온 세상을 두루 돌아다니는 사탄에게 침이 마르도록 욥에 대해서 자랑을 늘어놓으신다.

"여호와께서 사탄에게 이르시되 네가 내 종 욥을 주의하여 보았느냐 그와 같이 온전하고 정직하여 하나님을 경외하며 악에서 떠난 자는 세상에 없느니라"(욥기 1장 8절)

하나님은 침이 마르도록 욥이라는 사람을 사탄에게 자랑하심에 여념이 없을 정도다. 이에 사탄이 듣고 빈정거린다.

"욥이 어찌 까닭 없이 하나님을 경배하리이까? 주께서 욥에게 부족함이 없이 복을 주셨으니 하나님을 경외하고 섬기는 것이 아닙니까? 만약 주께서 욥에게 주신 모든 복을 다 거두어 풍비박산 나게 하면 즉시로 주를 욕하고 저주하리이다."

사탄은 욥을 자랑하시는 하나님께 빈정거린다. 사탄의 말을 들으신 하나님은 사탄에게 욥에게 있는 모든 소유를 네 손에 붙일 것이니 네 마음대로 해 보라고 허락을 하신다. 단 욥의 생명에는 손을 대지 말라는 경고를 덧붙이신다.

하나님을 사랑하고 섬기는 이유와 조건이 무엇인가? 오직 창조주 하나님이시기 때문에 피조물인 인간은 당연히, 마땅히 하나님을 섬기는 데는 아무 조건이 없어야 한다. 하나님을 사랑하는 데는 이유와 조건이 없어야 한다. 하나님께서 요구하시는 신앙은 하나님께서 나를 사랑하시고 구원하시는 데 아무런 이유와 조건이 없듯이, 인간도 하나님을 섬기고 사랑하는 데는 아무런 이유와 조건이 없어야 한다는 것이다.

하나님께서 때로 사랑하는 사람들에게 말로 다할 수 없는 참혹하리만치 가혹한 고난을 허락하시는 이유는 무엇일까? 세상의 창조자이시며 생명의 원천이신 하나님의 사랑으로 생존의 은혜를 받은 인간은 어떻게 하나님을 섬기고 사랑해야 할까?

하나님께서는 인간이 죄인임에도 불구하고 조건 없이, 이유 없이 자신의 몸을 십자가에 매달아 살 찢기고 피 흘리는 죽음으로 우리를 사랑하신다. 그렇다면 측량할 수 없는 하나님의 은혜를 받아 천국 백성 된 우리는 어떻게 주님의 사랑에 응답하여야 하겠는가? 그럼에도 불구하고 사랑하시는 하나님께 우리도 '그럼에도 불구하고'의 사랑으로 응답하여야 옳지 않겠는가? 하나님께서 때로는 이유 없이 고난을 허락하실 때 그럼에도 불구하고 주님을 사랑해야 하지 않는가?

욥은 고난을 통하여 이렇게 고백한다.

"내가 주께 대하여 귀로 듣기만 하였사오나 이제는 눈으로 주를 뵈옵나이다"(욥기 42장 5절)

하나님을 사랑하는 데는 조건이 있어서는 안 된다는 말이다. 하나님을 사랑함은 인간의 본분이요, 인간이 이 땅에 존재하는 이유이기 때문이다. 하나님의 사랑에 이유가 없는 것처럼 말이다.

그럼에도 불구하고, 하나님을 사랑하는가? 때로 고난은 이 물음에 답을 요청한다.

하나님, 저에게 왜 이러세요?

"하늘이 장차 이 사람에게 큰일을 맡기려 할 때는 반드시 먼저 그의 의지를 고달프게 하고, 뼈마디가 꺾어지는 고통을 당하게 하며, 그 몸을 굶주리게 하고, 그 생활은 빈궁에 빠트려 하는 일을 어지럽게 하느니라. 이는 그의 마음을 두들겨서 참을성을 길러주어 지금까지 할 수 없었던 일도 할 수 있게 하기 위함이라." 맹자의 어록이다.

이유 모를 고난을 당한 사람이 있다. 다윗이다. 다윗은 이스라엘과 블레셋의 전쟁이 한창인 싸움터를 찾아갔다가 골리앗을 만난다. 이스라엘의 사울 군대가 골리앗 앞에 두려워하고 있는 광경을 지켜보았다. 다윗은 하나님이 함께하시는 믿음의 용기를 발휘하여 작은 물맷돌 하나로 거장 골리앗을 거꾸러뜨린다.

이 사건 이후로 다윗은 이스라엘과 주변 나라에서 일약 대스타로 떠오르게 된다. 사울 왕은 다윗을 이스라엘 군대의 총사령관으로 삼는다(사무엘상 18장 5절). 다윗은 사울 왕의 명령을 따라 가는 곳마다 전쟁에서 승리하는 전승의 업적을 세운다. 다윗은 백성들의 지지와 환호를 받는다. 이스라엘의 영웅으로 떠오른 것이다.

그런데 여기서부터 다윗은 말로 다할 수 없는 고난의 절벽으로 추락하기 시작한다.

첫째, 다윗의 지위의 추락이다. 다윗은 군대장관에서(사무엘상 18장 5절) 천부장으로(사무엘상 18장 13절), 천부장에서 수배자로(사무엘상 19장 10절) 추락한다. 목숨을 부지하기가 어려울 정도로 도망자 신세가 된다. 나라를 구한 이스라엘의 영웅 다윗은 장장 15년 동안 생명의 위기를 겪으며 산으로 들로 토굴로 비참한 도피 생활을 지속하는 고난의 삶을 살게 된다.

둘째, 다윗의 가정의 몰락이다. 다윗은 사울의 딸 미갈과 혼인하여 가정을 이룬다(사무엘상 18장 20절). 다윗은 미갈과 혼인하는 조건으로 블레셋 사람 일백 명을 죽여 양피를 베어다가 사울 왕에게 드림으로 미갈을 아내로 허락받는다(사무엘상 18장 27절). 그러나 다윗을 죽이라는 사울의 참수령이 내려져 그는 도피하는 신세가 된다. 다윗이 목숨 걸고 사랑했던 미갈은 갈림에 사는 라이스의 아들 발디의 아내로 다윗 곁을 떠난다(사무엘상 25장 44절). 사랑했던 여인까지 강제로 빼앗겨 사랑과 가정이 파탄난 다윗의 고난은 무엇 때문일까?

셋째, 주변 사람들이 모두 그의 곁을 떠나고 다윗은 홀로 남는다.

인생이 불안하고 답답하고 외로울 때 만나고 싶은 사람은 다정한 친구이다. 다윗이 목숨처럼 아껴왔던 친구가 바로 요나단이었다. 다윗이 사랑하는 친구 요나단을 만나 수배당하여 쫓겨 다니는 자신의 신세를 한탄한다.

"요나단에게 이르되 내가 무엇을 하였으며 내 죄악이 무엇이며 네 아버지 앞에서 내 죄가 무엇이기에 그가 내 생명을 찾느냐"(사무엘상 20장 1절)

다윗이 얼마나 불안해하며 두려움에 떨고 있는지 "나와 죽음의 사이는 한 걸음뿐이니라"(사무엘상 20장 3절)고 토로한다. 힘들고 어려울 때 그래도 마음을 주고받을 수 있는 친구가 있다면 얼마나 위로가 되겠는가? 그러나 다윗이 마음을 의지하고 고통을 나눌 수 있는 유일한 친구 요나단과 헤어지는 장면이 성경에 기록되어 있다.

"같이 울되 다윗이 더욱 심하더니"(사무엘상 20장 41절)

다윗이 친구 요나단과 헤어지며 통곡하는 장면이다. 다윗이 고통을 받을 때 삶의 용기와 위로를 준 사람은 다 떠나고 홀로 버려진 신세가 되었다. 더욱 다윗의 인생 멘토인 사무엘 선지자도 죽어 세상을 떠나자(사무엘상 25장 1절) 이 세상에서 마음 두고 의지할 사람은 한 사람도 없게 되었다. 다윗은 비바람 몰아치는 광야 한복판에 의지할 것 없이 홀로 서 있는 나무 막대기 같은 신세가 되었다.

넷째, 다윗은 인생 밑바닥까지 추락하였다. 다윗을 지탱해 주던 인생의 기둥들은 다 무너지고 부서져 버렸다. 결국 다윗은 노숙자로 빌어먹는 신세가 되었다. 수배자가 되어 산으로 들로 숨어 다니는 처량한 도피자가 되었다. 하루 한 순간도 마음 놓지 못하고 피해 숨어 다녀야 겨우 생명을 유지하는 처지가 된 것이다. 마치 풀잎의 이슬방울 같은 신세가 된 것이다.

다윗은 목숨이 위태로워지자 이스라엘의 적군이었던 가드 왕 아기스에게 간다. 궁궐 문 앞에서 침을 흘리며 미친 체하고 대문짝에 몸을 긁적거려야 간신히 생명을 부지할 수 있는 처지가 되었다. 사람이 사람다움을 지탱하는 힘은 그래도 자존심인데 다윗은 더 이상 인간일 수 없는 밑바닥 자리에까지 추락하고 만 것이다. 미친 짓을 하고 거짓말을 하여야 겨우 빵 한 조각을 구걸하여 생명을 유지할 수밖에 없는 가련한 인생, 여기까지 다윗은 추락하게 되었다.

왜, 하나님은 용감하고 믿음이 좋았던 젊은 청년 다윗에게 이런 시련과 고난을 허락하셨을까? 말로 다 못할 피눈물 나는 시련과 고난을 다윗에게 허락하신 이유는 무엇이었을까?

다윗에게 허락하셨던 하나님의 고난은 지난날의 죄에 대한 형벌이었는가? 무슨 죄를 지었는가? 그렇다면 죄 없이도 고난을 받을 수 있는가? 하나님께서 허락하시는 고난의 이유는 무엇인가?

하나님께서 다윗의 미래를 준비하시는 하나님의 방법은 고난의 풀무불 속에 집어넣는 것이었다. 마치 녹슨 고철 덩어리를 풀무불 속에서 강철로 만들어 내듯이, 다윗의 인생은 고난의 한복판에서 빚어진 인물이었다. 그래서 다윗은 이스라엘의 성군이 되지 않았는가? 더욱 다윗은 하나님의 마음에 합한 인물로, 하나님의 뜻을 이루는 믿음의 사람으로 주께서 쓰신 인물이 되지 않았는가?

"내가 이새의 아들 다윗을 만나니 내 마음에 맞는 사람이라 내 뜻을 다 이루리라"(사도행전 13장 22절)

다윗에게 허락하신 하나님의 고통과 고난은 하나님의 사람을 만들어 가시는 하나님의 작업이었음을 성경은 증언하고 있다. 고난과 역경을 견디고 난 다윗은 이스라엘의 위대한 왕으로 세움 받아 하나님의 구속 역사에 중요한 역할을 감당한다. 그래서 신약성경이 시작되는 첫줄에 "아브라함과 다윗의 자손 예수 그리스도의 계보라"(마태복음 1장 1절)는 말씀으로 다윗의 이름을 기록하고 있다.

다윗, 그는 하나님께서 자신에게 말로 다할 수 없는 고난을 허락하신 깊으신 뜻을 이렇게 고백한다. 시편 119편 67절 말씀이다.

"고난 당하기 전에는 내가 그릇 행하였더니 이제는 주의 말씀을 지키나이다"

처절한 고난의 터널을 지나온 다윗은 고난이야말로 하나님을 하나님으로 믿는 자리에 들어가는 은혜임을 고백한다. 시편 119편 71절 말씀이다.

"고난 당한 것이 내게 유익이라 이로 말미암아 내가 주의 율례들을 배우게 되었나이다"

다윗은 하나님과 하나님의 말씀을 경험할 수 있는 최고의 은혜가 바로 고난임을 고백한다. 하나님께서 허락하시는 고난은 죽음과 저주가 아니라 하나님의 영광스러운 목적을 이루어 가시는 과정이었다.

하나님의 고난에는 뜻이 있다. 하나님의 고난은 형벌이 아니라 영광스러운 목적이 있음을 믿어야 하리라.

가시의 아픔 때문에

　기독교 신학의 근거와 규범은 하나님의 말씀인 성경이다. 기독교 신앙은 인간의 이성이나 철학에 있지 않다. 기독교의 모든 이론과 실천은 언제나 성경에 의하여 증거되어야 한다. 성경이 인간 삶의 규범이며 기준과 해석의 근간이 됨은 성경만이 지상 인간세계에 허락하신 하나님의 자기 계시이기 때문이다.

　삼성 창업주 이병철 회장은 신이 인간에게 질병의 고통, 그리고 불행과 고난과 죽음을 허락하는 이유가 무엇인가를 묻고 있다. 이 질문은 이 땅에 살아가는 모든 이들의 질문이며 의문의 주제이기도 하다. "신이 있다면, 신이 나를 사랑한다면 왜 이 고통을 주는가?"

　이 질문에 관한 답변은 지상에 살았던 사람 중에 하나님의 말씀을 가장 깊이 깨달은 사람, 그리고 부활하신 예수님을 직접 만나고 예수님에 대한 지식을 가장 정확하게 증언하였을 뿐만 아니라 몸으로 진리를 살아낸 사도 바울이라는 사람의 고난에 관한 고백으로 말씀을 드리고자 한다.

바울은 당대에 히브리인 중의 히브리인으로 유대교의 지도자였으며, 헬라 철학의 대학자였으며, 로마 권력의 특권층에 속한 사람이었다. 예수께서 부활하신 이후 당시 유대 교회에 큰 위기가 시작되었다. 그것은 예수님이 죽음으로부터 부활하신 충격적인 사건 때문이었다. 종교와 율법과 철학과 이성을 인생과 역사의 근간으로 삼고 살았던 바울에게 예수의 부활은 용납될 수 없는 망상이었다.

이에 바울은 허황된 종교 현상에 사로잡혀 열광하는 백성들을 지켜 주는 방법은 예수의 부활을 믿는 사람들을 처단하는 것이라 판단하였다. 바울이 예수의 부활을 믿는 사람들을 처단하기 위해서 다메섹 도상으로 가는 중이었다. 다메섹 도상에 거의 이르렀을 때 부활하신 예수님이 바울에게 나타나셨다.

"사울아 사울아 네가 어찌하여 나를 박해하느냐 하시거늘 대답하되 주여 누구시니이까 이르시되 나는 네가 박해하는 예수라"(사도행전 9장 4-5절)

바울은 전도받아 예수님을 믿은 사람이 아니다. 그는 살아계신 예수님을 직접 만나는 역사적 경험을 하였다. 이후부터 바울은 부활하신 예수님의 강력한 증언자로 변화될 뿐만 아니라 신약성경 서신서 13권을 기록하는 작업을 하게 된다.

인간의 역사 가운데 예수님을 가장 잘 알고 믿었던 사람, 교회가 무엇인지를 가장 정확하게 설명한 사람, 세상을 구원하시는 하나님의 계획과 영원한 미래를 성령의 계시를 통하여 한 글자의 착오도 없이 기록한 사람, 그가 곧 바울이다. 인류 역사에서 예수를 가장 정확하게 설명한 사람이 바울이었다. 그리고 예수님은 바울을 통하여 수많은 기적을 드러내셨다.

루스드라의 나면서 앉은뱅이 된 사람을 보고 "일어나라" 하니 그 사람이 뛰어 걷는 이적이 일어났다(사도행전 14장 8-10절). 귀신들린 불쌍한 여인을 낫게 해 주기도 하였다(사도행전 16장 18절).

그러나 바울은 깊은 감옥에 투옥되어 소망 없는 죄수로 묶이게 된다. 그런데 그가 한밤중에 기도하고 찬송하는 중에 옥 터가 흔들려 묶이고 매인 것이 다 풀리고 벗겨졌다(사도행전 16장 19-34절). 그리하여 감옥을 지키던 간수들이 세례(침례)를 받고 예수를 믿어 구원받게 되었다. 바울은 하나님의 성령의 능력으로 예수가 구주 되심을 말씀으로 또한 표적과 이적으로 증거하는 전도자로, 주님의 증인으로 복음을 증언하는 충성된 종으로 살았던 것이다.

그런데 보라. 그의 삶은 말로 다할 수 없는 고난으로 이어졌다. 바울은 평생 동안 자신의 몸이 견딜 수 없는 가시로 인하여 고통 속에서 살아왔음을 고백한다.

"여러 계시를 받은 것이 지극히 크므로 너무 자만하지 않게 하시려고 내 육체에 가시 곧 사탄의 사자를 주셨으니 이는 나를 쳐서 너무 자만하지 않게

하려 하심이라"(고린도후서 12장 7절)

바울은 세 번이나 가시의 고통을 제하여 달라고 주님께 기도를 드렸다. 그러나 주님께서는 "내 은혜가 네게 족하다"고 하시면서 사랑하는 자의 기도를 보류하셨다. 이유는 한 가지였다. '너무 자만하지 않게 하려고.'

바울은 주님의 신령한 말씀과 능력과 지혜를 받았을 뿐만 아니라 천상 세계에 들어가 신령한 체험을 하였던 사람이다. 주님께서는 천상 세계를 왕래한 바울이 교만해지지 않도록 몸의 가시의 고통을 제거하시지 않았던 것이다. 주님은 사랑하는 자에게 몸속에 가시의 고통을 주신다. 왜냐하면 가시의 고통은 은혜를 받은 자가 자만해지지 않도록, 교만해지지 않도록 하기 위해 하나님께서 은혜를 지켜 주시는 주님의 방법이었기 때문이다.

겸손이란 단어는 humility이다. 인간을 Human being이라 한다. 라틴어 'Humus'(땅) 혹은 'Humilis'(낮은, 작은, 땅바닥에 엎드리는)에서 유래한다. 겸손이라는 말과 인간이라는 말은 흙덩이 또는 먼지가루라는 단어에서 파생되었다. 겸손이란 인간 자신이 한낱 흙먼지라는 의식을 가지고 하나님의 은혜가 아니면 아무것도 아닌 존재임을 자각하며 살아야 한다는 뜻이다.

하나님께서 사랑하는 자에게 고통이나 불행을 주시는 이유는 겸손한 사람으로 살게 하려는 하나님의 방법이다. 그토록 능력과 신령한 은사를 받아 예수님을 증언하며 하나님의 말씀을 받아 쓴 바울의 고난사를 들어 보자.

> "여러 번 여행하면서 강의 위험과 강도의 위험과 동족의 위험과 이방인의 위험과 시내의 위험과 광야의 위험과 바다의 위험과 거짓 형제 중의 위험을 당하고 또 수고하며 애쓰고 여러 번 자지 못하고 주리며 목마르고 여러 번 굶고 춥고 헐벗었노라"(고린도후서 11장 26-27절)

하나님께서 그토록 사랑하신 사도 바울, 그는 한시도 편안함이 없는 고난과 고통의 일생을 보낸다. 마지막에는 로마 네로 황제 때 원형경기장에서 참수형을 당함으로 이생에서의 인생의 막을 내렸다.

하나님은 사랑하는 자에게, 사랑하기 때문에 때로는 불행과 고통과 죽음을 주신다는 역설적 이야기이다. 바울은 고난의 길을 통하여 주님의 은혜의 깊이로 들어갔다. 바울에게 죽을 만큼 고통스러운 고난을 허락하신 것은 하나님께서 바울을 지키시는 방법이었다.

바울이 고백하는 은혜의 길을 따라가 보자.

첫째, 바울은 부활하신 예수님을 만났을 때 "맨 나중에 만삭되지 못하여 난 자 같은 내게도 보이셨느니라"(고린도전서 15장 8절)고 감격스러운 고백을 한다. 부활하신 예수님을 만난 다음 자신의 실존을 한없이 부족한 존재로 보았다.

둘째, "나는 사도 중에 가장 작은 자라"(고린도전서 15장 9절)고 하였다. 부활하신 예수님을 만난 후 자신의 가치는 세상 모든 사도들보다 지극히 작은 존재이며, 사도라 칭함을 감당치 못할 부족한 사람이라고 겸손한 고백을 한다.

셋째, 바울은 옥중에 갇혀 고통 중에서 은혜의 깊이를 더해 간다. 에베소서 3장 8절에 "모든 성도 중에 지극히 작은 자보다 더 작은 나에게 이 은혜를 주신 것은…"이라고 하였다. 세상 모든 성도들과 감히 비교할 수 없는 누추한 자신의 존재를 들여다보며 주님의 은혜에 감격한다.

넷째, 바울은 죽음을 앞에 놓고 자신의 존재를 이렇게 고백한다. 디모데전서 1장 15절에 "죄인 중에 내가 괴수니라"고 하였다.

바울은 부활하신 주님을 만난 후 자신의 존재는 만삭되지 못한 부족한 인간이며, 다시 주님 앞에 서 보니 세상의 모든 성도와 비교할 수 없는 작은 존재임을 본다. 다시 더 깊은 주님의 은혜의 보좌 앞에 가 보니 사도들은 그만두고 세상에 있는 모든 성도들보다 비교할 수 없는 작은 자로 자신의 정직한 실체를 본다. 그리고 마지막 끝자락에 와서 보니 세상의 모든 죄수들과 감히 비교할 수 없는 죄인의 괴수와 같은 존재임을 자각하게 된다. 마지막 날 바울은 주님 앞에서 자신의 정체를 이렇게 고백한다.

"내가 아무것도 아니나…"(고린도후서 12장 11절)

마지막 시간에 바울은 자신의 실체를 고백한다. "나는 아무것도 아니다." 하나님은 사랑하는 자녀들에게 말로 다 표현 못할 고통과 불행과 죽음을 허락하실 때가 있다. 그것은 자신의 불가능한 실체를 보게 하시는 하나님의 방식이다. 이유는 하나님께서 사랑하시기 때문이다. 하나님께서 사랑하는 사람들을 타락과 부패와 죄악된 세상에서 지키시고 보전하시는 하나님의 방법이 바로 고난과 고통이다. 고린도후서 1장 8-9절을 보자.

> "힘에 겹도록 심한 고난을 당하여 살 소망까지 끊어지고 우리는 우리 자신이 사형 선고를 받은 줄 알았으니 이는 우리로 자기를 의지하지 말고 오직 죽은 자를 다시 살리시는 하나님만 의지하게 하심이라"

하나님께서는 사랑하는 자에게 고난과 아픔을 주신다. 마치 하나님께 버림받은 것처럼 말로 다할 수 없는 고통과 슬픔을 당할 때가 있다. 이유는 하나님께서 나를 사랑하시기 때문이다. 하나님께서 그의 능력과 사랑의 손으로 붙들고 계신 증거가 고난이다. 하나님께서 사랑하시기 때문에, 사랑하는 자에게 주시는 아픔과 고난은 오히려 하나님의 은혜임을 믿어야 하리라.

'하나님만 의지하도록!' 죽을 만큼 고난을 주시는 이유이다.

이병철 회장의 질문이다. "신은 인간을 사랑했다면, 왜 고통과 불행과 죽음을 주었는가?" 대답은 이렇다. 사랑하기 때문이다. 결코 나를 포기할 수 없는 하나님의 사랑이다.

누구의 죄 때문입니까?

　이 세상에 태어나서 한세상을 살다가 고난과 눈물 없이 세상을 떠나는 사람이 누구이겠는가? 고난과 고통과 죽음은 사람의 선택에 관계없이 시간도 장소도 방법도 모른 채 덮쳐오는 쓰나미와 같은 것이 아니겠는가?

　악한 사람이 잘되어서 부귀와 영화를 누리기도 하고, 선하고 착하게 법 없이도 살 수 있는 사람이 때아닌 사고나 질병으로 고통하며 살다가 세상을 떠나기도 하지 않는가?

　신은 인간을 사랑했다면 왜 고통과 불행과 죽음을 주었는가?

　한세상을 치열하게 살아온 이병철 회장이 세상을 떠나면서 던진 이 질문은 이 땅에 살아가는 모든 인간들의 질문일 뿐만 아니라 오늘 우리 모두의 인생의 절박한 물음이기도 하다. 이 질문에 대하여 이번에는 인간과 세상의 해답이신 예수님께 답을 들어 보자.

한번은 예수님께서 제자들과 함께 길을 가고 계셨다. 그때 길목 옆에 태어날 때부터 평생을 소경으로 사는 사람이 앉아 있었다. 비가 오나 바람이 부나 일평생을 사람들이 오고 가는 길바닥 옆에서 커지지도 작아지지도 않는 깡통을 앞에 놓고 구걸하며 살아가는 가련한 소경이었다. 두 눈을 뜨고도 살아가기가 힘든 세상인데 태어날 때부터 볼 수 없는 눈으로 태어났으니 얼마나 한탄스럽겠는가?

예수님의 제자들이 예수님께 물었다.

"선생님, 소경으로 태어난 것이 누구의 죄입니까? 저 소경의 죄 값입니까? 아니면 저 부모의 죄 값입니까?"

사람이 이 땅에 살면서 당하는 고난이나 불행에 대한 세상과 종교의 해석은 모두 죄 값으로 온다는 인과응보의 사상이 지배적이다. 예수님의 제자들이 던진 질문은 인류의 질문이며, 나와 너의 질문이기도 하다. 소경으로 태어난 것이 누구의 죄인가를 묻는 질문은 인생의 대질문이라 할 수 있겠다.

인간이 지금 여기에서 당하는 불행과 고통의 원인을 과거에서 찾는 것이 인류의 보편적인 사고이다. 그러나 예수님의 대답은 전혀 달랐다. 요한복음 9장 3절이다.

"예수께서 대답하시되 이 사람이나 그 부모의 죄로 인한 것이 아니라 그에게서 하나님이 하시는 일을 나타내고자 하심이라"

사람이 당하는 고통과 불행의 원인을 과거에서 찾는 것이 아니라 다가올 미래를 위한 이유로 해석한다. 세상을 살아가는 인간에게 부딪쳐오는 거절할 수 없는 고통과 불행과 고난은 죄 값으로 오는 것이 아니라 하나님께서 하시고자 하는 하나님의 계획과 목적을 위한 것임을 예수님께서 말씀하셨다.

오늘 당하고 있는 불행과 고난은 그 원인이 지난날의 죄의 결과로 오는 것이 아니라 앞으로 있어야 할 하나님의 사건, 하나님께서 하시고자 하는 하나님의 역사를 위해서 반드시 있어야 할 조건으로 여기는 것이다. 지금 당하는 고난과 고통은 하나님께서 주도하시는 미래의 영광스러운 역사를 위한 필연적인 희망 사건임을 예수님께서 말씀하셨다.

예수님의 고난과 불행에 대한 운명적 해석은 과거의 인간 행위에 대한 보복이나 죄 값이 아니다. 오히려 하나님께서 오는 미래의 시간에 이루실 사건과 역사를 위해서 필요한 과정으로 보신 것이다. 미래의 영광스러운 역사를 위해서 필연적 사건으로 지금 당하는 고난과 불행을 해석하신 것이다.

지금 당하고 있는 까닭 모를 고난과 아픔이 있는가? 죄 값이 아니다. 조상의 죄 값은 더더욱 아니다. 지금 당하고 있는 고난과 불행은 죄 값이 아니다. 지금 당하는 고난은 오히려 미래에 이루실 하나님의 영광스러운 역사를 위해서 반드시 필요한 과정으로서의 사건임을 믿어야 할 것이다.

지금 당하고 있는 이유 모를 고난과 불행은 슬픔이 아니라, 절망이 아니라 미래에 대한, 하나님께서 이루시려는 희망임을 굳게 믿어야 한다. 지금 여기서 고통도 없고 불행으로 여겨지는 탄식도 없다면 미래의 희망도 가질 수 없다는 말이다.

그러나 지금 고난과 불행으로 고통 중에 있다면 고통의 크기만큼, 슬픔의 깊이만큼 이루실 하나님의 희망이 존재한다. 하나님께서 허락하시는 이유 모를 고난과 불행은 그 크기만큼 미래에 하나님의 역사가 이루어질 것이라는 말이다.

하나님께서 인간을 사랑하셨다면 왜 고통과 불행과 죽음을 주었는가? 하나님께서 지상 역사 안에 사람이 되어 들어오셔서 33년을 살다 가신 분이 예수님이다. 예수님은 사람의 요소와 하나님의 요소를 함께 가진 완벽한 사람이며 하나님이셨다. 이 질문에 대한 답이 요한복음 11장에 기록되어 있다.

예수님이 지상에 살아계실 때 베다니라는 촌 동네에 가련하고 불쌍한 삼 남매가 근근이 살아가고 있었다. 예수님은 종종 이 가정에 들러 쉬기도 하시고 부모 없이 살아가는 안타까운 삼 남매를 위로하며 기도도 해 주셨을 것이다.

어느 날이었다. 마리아와 마르다의 오라버니 나사로가 병이 들어

몹시 괴로워하고 있었다. 자매들은 예수님에게 사람을 보내어 '사랑하시는 자가 병들어 몹시 괴로워하고 있다'는 소식을 전하였다.

"주여 보시옵소서 사랑하시는 자가 병들었나이다 하니"(요한복음 11장 3절)

소식을 들은 예수님은 전혀 서둘지 않고 이렇게 말씀하셨다. 요한복음 11장 4절이다.

"예수께서 들으시고 이르시되 이 병은 죽을병이 아니라 하나님의 영광을 위함이요 하나님의 아들이 이로 말미암아 영광을 받게 하려 함이라 하시더라"

예수님이 이틀을 더 지체하시는 동안에 죽을병이 아니라던 나사로는 죽고 말았다. 예수님이 나흘 후에 오셨을 때 이미 나사로는 무덤에 있을 때였다. 예수님은 나사로의 무덤에 가서 나사로를 살려내셨다. 이 사건은 예수님이 하나님이시며 죽어도 다시 살 수 있다는 영원한 부활 생명의 희망을 주신 것이다. 인간에게 절망적인 사건이 하나님의 영광을 위한 특별한 기회가 될 수 있음을 믿어야 한다. 나사로의 죽을병은 "하나님의 영광을 위한 병"이라고 예수님은 말씀하셨다.

사람의 힘으로 해결할 수 없는 고난과 고통과 불행한 절망이 내 인생 한복판으로 쓰나미처럼 몰려올 수도 있다. 하나님은 사랑하는 자에게 죽음에 이르는 환난이나 고통이나 질병을 허락하실 수 있다. 그러나 이해할 수 없는 고난이 왔을 때 '내 죄 값이 임하였구나!' 탄식하거나 절망하지 말 것이다. "이 병은 죽을병이 아니라 하나님의 영광을 위함이라"는 주님의 말씀을 기억해야 한다. 지금 내게 있는 아픔, 절망, 고통, 질병, 눈물은 죽을병이 아니라 하나님의 영광을 위한 것임을 예수님께서 말씀하신다.

하나님께서 인간을 사랑했다면 왜 고통과 불행과 죽음을 주었는가? 한 세대를 치열하게 살면서 성공과 부를 이루었던 이병철 회장의 질문 앞에 이렇게 답을 드린다.

"하나님이 사랑하는 사람들에게 닥친 고통과 불행과 죽음은 오히려 하나님이 살아계신 것과 하나님의 영광이 나타나는 역사의 기회요 희망입니다."

"예수께서 대답하시되 이 사람이나 그 부모의 죄로 인한 것이 아니라 그에게서 하나님이 하시는 일을 나타내고자 하심이라"(요한복음 9장 3절)

고난에는 반드시 하나님의 계획과 목적이 있음을 믿어야 한다.

"예수께서 들으시고 이르시되 이 병은 죽을병이 아니라 하나님의 영광을 위함이요 하나님의 아들이 이로 말미암아 영광을 받게 하려 함이라 하시더라"(요한복음 11장 4절)

하나님의 영광과 능력이 나타나는 그때는 어느 때인가? 불가능한 고난과 불행이 있을 때였다. 그러므로 하나님을 믿고 의지하는 믿음의 사람들의 희망은 바로 고난이며 불행이다. 고난과 불행의 크기가 기적의 크기이며 하나님의 영광의 크기라는 말이다.

고난에는 누구도 알 수 없는 하나님의 뜻이 담겨 있다. 그래서 고난과 아픔은 희망이다. 이병철 회장에게 드리고 싶은 말이다.

人間(인간)이 죽은 후에 靈魂(영혼)은 죽지 않고, 天國(천국)이나 地獄(지옥)으로 간다는 것을 어떻게 믿을 수 있나?

- 삼성 창업주 이병철 회장의 마지막 질문

Question 6

천국과 지옥에 대하여

인간이 죽은 후에 영혼은 죽지 않고,
천국이나 지옥으로 간다는 것을
어떻게 믿을 수 있나?

천국과 지옥은 있는가?
천국과 지옥에는 누가 가는가?

천국과 지옥은 있는가?

이병철 회장은 천국과 지옥이 정말 있는지를 물었다. 그리고 "사람에게 영혼은 있는가? 천국으로 가는 영혼과 지옥으로 들어가는 영혼이 있다는데 어떻게 믿을 수 있는가?"라는 질문이다. 이 땅 위에서 삶이 모두 끝난 다음 죽음 너머 저곳에 또 하나의 영원한 삶이 존재하는가?

이 질문은 역사 이래 인간의 본질적 질문이며 구체적으로 확인하고 싶은 물음이다. 이 땅에서의 삶이 다 끝나면 다음 세상은 존재하는가? 다음 세상은 천국과 지옥이라는데 누가 천국에 가고 누가 지옥에 간다는 말인가?

우선 "다음 세상은 있는가?"라는 물음을 먼저 생각하고 이어서 "누가 천국에 가고 누가 지옥에 가는가?"라는 물음에 답변을 드리겠다.

거짓을 믿는 사람보다 더 어리석은 사람이 어디 있겠는가? 거짓을 사실로 믿고 사는 사람보다 더 억울하고 원통한 사람이 어디 있겠는가? "사람은 죽으면 다 끝나는 거지 또 다른 천상의 삶이 있겠는가?" 하고. 그러나 이 세상 너머 내세를 믿지 않았던 사람에게 정말 영원한 천국과 지옥이 실재한다면 어떻게 하겠는가?

천국과 지옥은 존재하는가? 천국과 지옥의 실재에 관해서는 가상도 아니고 예측도 아니다. 철학도 아니고 사상도 아니다. 천국과 지옥의 실재는 사실이다. 이 믿음이 기독교 신앙이다. 성경은 천국과 지옥의 실재에 관해서 단호하게 답하고 있다.

어떤 사건이 실제로 확인되는 과정은 반드시 두 가지 요소를 갖추어야 한다. 첫째는 증거가 있어야 한다. 둘째는 증인이 있어야 한다. 사실을 증명하는 가장 확실한 뒷받침은 증거와 목격자의 진술이 있어야 한다. 이 땅에 살다가 떠난 위인 중에 이 세상 다음에 또 하나의 영원한 세계가 있음을 말씀으로, 삶으로, 죽음으로, 부활로, 증명한 이는 예수님 외에 다른 사람이 없다. 천국과 지옥에 관해서 구체적으로 증명한 사람은 예수님뿐이다.

예수님은 누구인가? 하늘, 땅, 우주 만물을 지으시고 운행하시는 하나님이 사람이 되어 지상 역사 안에 들어오셔서 "인간이 무엇인가? 어떻게 해야 인간이 구원을 받는가? 천국에는 누가 가고 지옥에는 누가 가는가?" 인간이 직면하고 있는 이 문제에 관해서 정확하게 증언해 주신 분이 예수님이었다.

예수님은 사람으로는 피할 수 없는 죄와 죽음과 심판에서 구원하기 위해 십자가에서 처참하게 죽으셨다가 삼 일 만에 다시 부활하시고 지상에 40일 더 계시다가 500여 명이 보는 가운데 하늘나라로 승천하셨다.

세상 너머, 죽음 너머에 영원한 세계가 있음을 역사적 사건으로 보여주신 분이 예수님이다. 예수님은 때때로 이 세상에서의 삶을 천국을 준비하는 유일한 기회로 말씀하셨다. 예수님의 첫 메시지는 "회개하라 천국이 가까이 왔느니라"(마태복음 4장 17절)는 말씀이었다.

예수님의 죽음과 부활

우선 이 세상 너머 영원한 천국과 지옥이 정말 실재하는가에 대한 증명은 예수님의 죽음과 부활에서만 가능한 일이다.

예수님은 자신이 하나님이라는 주장 때문에 유대교의 지도자들로부터 고발을 당해 로마 권력에 의해서 참혹한 십자가 처형을 받았다. 예수님에게 사형 선고를 내린 재판장은 빌라도 총독이었다. 예수님은 처참하게 십자가 형틀에서 채찍으로 매를 맞고 창과 칼에 온몸이 갈기갈기 찢겨진 고통 속에서 죽었다.

예수의 시체를 무덤에다 장사 지낸 사람은 아리마대 요셉이라는 사람이었다. 예수는 십자가형으로 사형을 당했다. 세상에 태어나 33년 동안을 세상에서 살다가 하나님을 모욕했다는 죄목으로 십자가 처형을 받았던 것이다.

잘 살았든 못 살았든 한 인간의 생은 목숨 줄이 끊어지면 그것으로 막을 내린다. 그리워해도 다시는 돌아오기를 기대할 수 없다. 보고 싶어도 다시 살아나기를 기대할 수 없다. 이 세상에서 인간 삶의 끝자락은 죽음이다. 이 세상 사람들은 예수를 참혹하게 십자가에서 죽였다. 이 세상에 살다 가는 사람들은 사랑과 구원을 가지고 오신 하나님마저 참혹하게 살해할 정도로 죄악된 존재이다.

사람들은 대부분 죽으면, 죽어 버리면 모든 것이 끝이라는 생각을 가지고 산다. 예수도 죽여 버리면 끝이라고 생각했다. 그런데 예수가 죽은 지 삼 일째 되는 날에 천지가 개벽할 소문이 퍼지기 시작했다. 예수가 다시 살아났다는 것이다. 다시 살아난 예수를 두 눈으로 보았다는 목격자들이 이곳저곳에서 일어나기 시작했다

예수가 다시 살아났다고 말하는 사람들을 몽땅 잡아다가 입을 틀어막고 감옥에 가두고 매질을 해도 예수가 부활했다는 소식은 그칠 줄 모른 채 온 세상에 퍼져나갔다. 예수가 죽음에서 다시 사셨다는 소식은 거센 바람에 번져가는 산불처럼 막을 수가 없었다.

예수가 부활했다는 사실을 거짓으로 만들기 위해 당시 종교지도

자들과 권력자들의 음모를 들어 보자.

첫째, 예수의 제자들이 시체를 훔쳐갔다고 거짓된 소식을 퍼트렸다. 당시 하나님의 종교를 제 욕망과 욕심을 채우기 위한 수단으로 삼고 있던 종교 지도자들이 지어낸 거짓 소문이었다(마태복음 28장 11-15절). 예수께서 십자가의 처형을 받을 때 한 사람도 남김없이 죽음이 두려워 몽땅 도망쳤던 사람들이 예수님의 제자들이었다. 그런데 살아서도 도망쳤던 비겁자들이 죽은 후에 무슨 용기로 시체를 도둑질하였겠는가?

둘째, 예수는 죽은 것이 아니라 기절했다가 다시 깨어나 무덤문을 밀치고 나왔다는 주장이다. 예수님은 십자가 처형을 받았다. 십자가 사형법은 십자가에서 고통에 몸부림치다가 완전히 죽은 다음에야 끌어내리는 사형법이었다. 두 발과 양손에 못이 박히고 옆구리가 창에 찔려 창자가 다 흘러나올 정도로 온몸이 걸레처럼 갈기갈기 찢겨진 몸으로 돌무덤 문을 굴려내고 나올 수 있단 말인가?

셋째, 제자들이 환상을 본 것이 비화되었다는 주장이다. 어떤 사실을 증명하기 위해서는 목격자가 세 명 이상 있어야 한다. 예수님의 부활을 목격한 최초의 사람들은 가난하고 힘없는 여인들이었다. 이어서 예수님의 부활의 실체를 목격한 사람들은 예수님이 처형당할 때 저 살자고 목숨 걸고 도망쳤던 제자들이었다. 이후에 500여 명이 예수님이 다시 살아나신 실제 모습을 보았다. 이후에 살아계신 예수님을 직접 보았고, 들었고, 경험했던 사람들로 기독교의 역사는 이어져 왔다.

예수님의 부활에 대한 역사적 증거는 빈 무덤이다

예수님의 시신을 장사 지냈던 무덤이 삼 일 만에 열리고 시신이 없어졌다. 빈 무덤이 되었다. 무덤에 있어야 할 예수의 시신이 없어진 것이다. 당시 예수를 믿고 따르는 사람들은 무조건 잡아 가두거나 죽이는 시기였다. 그런데 누가 썩어져가는 시신을 가져갔겠는가? 살아서도 배반하고 등지고 도망치던 사람들이 예수가 죽은 후 부패해가는 시신을 무엇 때문에 가져갔겠는가?

예수님의 부활은 유대교가 기독교로 전환되는 변화의 역사가 증언하고 있다. 유대인들은 안식일을 목숨 걸고 지켜왔다. 그런데 목숨 걸고 지켜왔던 안식일이 주일로 바뀌게 되었다. 유대교의 안식일이 창조 신앙의 고백이었다면, 예수님이 죽었다가 다시 부활하신 주일은 부활 신앙의 고백으로 기념하여 기억하는 것이었다.

구약 신앙의 주제는 천지를 지으신 분이 하나님이라는 창조 신앙의 고백이다. 신약 신앙의 주제는 죽음에서 부활하신 예수님의 부활 신앙의 고백이다.

예수님의 부활을 믿고 경험했던 사람들은 모두 천국 신앙을 가지고 살기 시작하였다. 예수님의 부활을 믿고 경험했던 사람들은 세상과 타협 없이 사는 사람들이 되었다. 부활하신 예수님을 믿는 사람들은 예수님처럼 부활하여 천국에 가는 것을 인생의 소망으로 여기고 사는 사람들이었다.

수많은 사람들이 예수를 믿는다는 이유로 박해를 당하고 목숨을 잃었다. 그러나 예수님의 부활 신앙은 이 세상 너머 천국을 소망하는 믿음으로 확산되었다. 예수님의 부활 신앙을 가지고 살아가는 사람들은 생각이 달라지고 인생의 목적이 달라지고 삶의 의미가 달라졌다.

이병철 회장의 질문이다. "인간이 죽은 후에 영혼은 죽지 않고, 천국이나 지옥에 간다는 것을 어떻게 믿을 수 있나?"

하나님께서 사람의 몸으로 역사 안에 들어오셔서 죽으신 분이 예수님이다. 그리고 예수님이 죽었다가 삼 일 만에 부활하심으로 이 세상 저 너머에 하나님 나라 천국이 있음을 증명하여 주셨다.

요한복음 14장 1-3절 말씀이다.

"너희는 마음에 근심하지 말라 하나님을 믿으니 또 나를 믿으라 내 아버지 집에 거할 곳이 많도다 그렇지 않으면 너희에게 일렀으리라 내가 너희를 위하여 거처를 예비하러 가노니 가서 너희를 위하여 거처를 예비하면 내가 다시 와서 너희를 내게로 영접하여 나 있는 곳에 너희도 있게 하리라"

예수님은 믿으라고 하신다. 하나님을 믿고, 나를 믿으라고 하신다. 천국을 준비하며 세상을 살아가는 사람, 바로 그 사람이 지혜로운 사람이요, 믿음의 사람이며 성령의 사람이다. 이 세상 여기에서 죽음으로 모든 생애가 마감되는 것이 아니라, 죽음의 강 저 건너편에 하나님께서 친히 만드신 하늘나라 영원한 천국이 있음을 성경은 증언하고 있다.

"너희는 마음에 근심하지 말라 하나님을 믿으니 또 나를 믿으라 내 아버지 집에 거할 곳이 많도다"(요한복음 14장 1-2절)

천국과 지옥에는 누가 가는가?

천국과 지옥의 실재를 어떻게 믿을 수 있는가? 그리고 누가 천국에 들어가는가? 그리고 누가 지옥에 들어가는가? 이병철 회장은 정직하게 그리고 직접적으로 물었다. 천국과 지옥은 정말 존재하는가? 천국에 가는 사람과 지옥에 가는 사람은 무엇이 다른가?

죽은 후 가야 할 곳을 묻는 어른의 질문에서 우리는 인생의 큰 지혜를 배운다. 죽어서 가보니 정말 천국과 지옥이 실재하고 있다면 어떻게 할 것인가? 젊은 날이야 이 세상에서 천년만년 살 것처럼 내 인생 내 의지대로 살아왔지만 그러나 죽어야 한다는 사실 앞에 보이지 않는 불안함을 어찌하겠는가?

천국과 지옥에 관한 문제는 철학의 영역이 아니다. 사상의 문제도 역사의 문제도 아니다. 오직 실존에 관한 문제이다.

성경은 천국과 지옥을 어떻게 말하고 있는가? 누가복음 16장

19-31절에 나오는 이야기이다.

어느 동네에 재산 많은 부자가 살고 있었다. 돈이 많으니 부자가 하는 일은 날마다 잔치를 열어 맛있는 음식을 먹고 놀고 즐기는 삶이었다. 성경의 기록에는 "한 부자가 있어 자색 옷과 고운 베옷을 입고 날마다 호화롭게 즐기더라"(누가복음 16장 19절)고 부자를 설명한다. 부자는 값비싼 명품 옷을 입고 날마다 잔치를 열고 먹고 마시며 즐기는 생활을 하였다.

그런데 그 부잣집의 대문 앞에는 나사로라는 병든 거지가 거적때기를 덮고 부잣집에서 잔치 끝에 버려지는 음식 찌꺼기로 생명을 연명하고 있었다. 피부병이 얼마나 심했던지 개들이 와서 그 헌데를 핥을 정도였다.

세월이 흘러 때가 되어 거지가 죽었다. 거지가 죽었다고 안타까이 여기며 눈물 한 방울 흘려주는 사람은 한 사람도 없었다. "그렇게 살려면 죽는 게 낫지!" 사람들은 죽은 거지 나사로를 멍석에 둘둘 말아 하루도 지나지 않아 땅을 파고 묻어버렸다.

얼마 후에 잘 먹고 좋은 옷을 입고 날마다 즐기며 행복을 누리던 부자도 죽었다. 죽음은 공평하다. 부자이거나 거지이거나, 배웠거나 못 배웠거나, 남자나 여자나 누구에게든지 죽음은 온다. 죽음은 언제 올는지, 어디서 올는지, 어떻게 올는지 아무도 모른다. 죽음은 시간도 장소도 방법도 비밀이다. 게다가 어디로 가는지 아무도 모른다.

> "이에 그 거지가 죽어 천사들에게 받들려 아브라함의 품에 들어가고 부자도 죽어 장사되매"(누가복음 16장 22절)

그렇다. 죽는 순간부터 달라진다. 비록 거지로 구차하게 살았지만 죽는 순간 하늘의 천사들이 내려와 거지 나사로의 영혼을 받들어 천국에 있는 아브라함의 품으로 들어갔다고 기록하고 있다. 얼마 후에 부자가 죽었을 때 부자도 장사되었다.

숨이 끊어져 죽는 순간 천사들에게 받들려 천국으로 가는 사람이 있다. 반면 죽는 순간 쓰레기처럼 아무 가치 없이 땅에 묻히는 사람이 있다. 지금 여기 이 세상에 살아 있는 동안이야 재물이나 지식과 세상 지위가 사람의 위치를 나누어 놓지만 죽는 순간은 예수를 믿는 믿음이 천국과 지옥으로 나누어 놓는다.

재물이 많은 것과 천국에 들어가는 것과는 아무런 상관이 없다. 똑똑하고 학식이 많은 것은 천국에 들어가는 것과는 아무 상관이 없다. 이 세상에서 부귀영화를 누리고 높은 지위를 자랑하며 무슨 업적을 세운 것과 천국에 들어가는 것과는 아무 상관이 없다.

부귀와 영화로 세상 부러움 없이 살아온 부자는 지옥에 들어갔다. 부자이기 때문에 지옥으로 간 것이 아니다. 천국에 들어갈 준비를 하지 않은 것뿐이다. 지금 여기 살아있는 사람들은 반드시 죽는다. 죽는 순간부터 재물도 지식도 권력도 아무 소용이 없게 된다.

부자의 실수는 무엇이었는가? 부자의 어리석음은 도대체 무엇이었는가?

부자가 죽어서 가보니 지옥이 있었다

"그가 음부에서 고통중에 눈을 들어 멀리 아브라함과 그의 품에 있는 나사로를 보고"(누가복음 16장 23절)

그렇다. 부자였지만 어리석은 삶을 살았다. 여기 이 세상에 살아 있을 때 천국을 준비해야 함을 놓쳤던 것이다. 이 세상에서 가장 지혜롭고 똑똑하게 살아가는 사람이 누구인가? 천국을 준비하는 사람이다. 천국을 준비하는 사람이 똑똑한 사람이다. 죽음을 준비하는 사람이 지혜로운 사람이며 믿음의 사람이다. 영원한 승리자이다.

부자였지만 그는 지옥에 던져졌다. 부자이기 때문에 지옥에 간 것이 아니다. 천국을 준비하지 않았던 것이다. 그러나 나사로는 비록 버려진 나무토막처럼 가난과 질병과 멸시와 천대를 받으며 구걸하는 거지로 세상을 살았지만 천국을 준비하는 지혜자였다.

당신은 지금 천국에 들어갈 준비가 되어 있는가?

부자가 죽어서 가보니 지옥은
견딜 수 없는 고통의 장소였다

"불러 이르되 아버지 아브라함이여 나를 긍휼히 여기사 나사로를 보내어 그 손가락 끝에 물을 찍어 내 혀를 서늘하게 하소서 내가 이 불꽃 가운데서 괴로워하나이다"(누가복음 16장 24절)

날마다 호화로이 잔치하며 인생을 즐겼던 부자는 그 많은 재물로 물 한 방울을 구할 수가 없었다. 세상 떠나 다음 세상에 가면 억만금이 있다 해도 아무 소용이 없다. 타들어가는 목에 물 한 모금을 얻을 수 없는 곳이 지옥이었다.

예수께서 지옥에 관한 실상을 말씀하셨다.

"만일 네 발이 너를 범죄하게 하거든 찍어버리라 다리 저는 자로 영생에 들어가는 것이 두 발을 가지고 지옥에 던져지는 것보다 나으니라"
(마가복음 9장 45절)
"만일 네 눈이 너를 범죄하게 하거든 빼버리라 한 눈으로 하나님의 나라에 들어가는 것이 두 눈을 가지고 지옥에 던져지는 것보다 나으니라"
(마가복음 9장 47절)
"거기에서는 구더기도 죽지 않고 불도 꺼지지 아니하느니라"
(마가복음 9장 48절)
"사람마다 불로써 소금 치듯 함을 받으리라"(마가복음 9장 49절)

지옥은 실재하는 곳이다. 천국이 실재하는 것과 같이 지옥의 실재는 사상도 철학도 전설도 신화도 아니다. 지옥은 실재하는 장소이다. 죽어서 가보니 지옥이 있고, 지옥은 견딜 수 없는 고통을 받는 곳임을 알게 된 사람은 이 땅에서 최고의 부를 누렸던 부자였다.

부자가 죽어서 가보니 지옥은
다시는 기회가 없는 영원한 절망의 장소였다

"그뿐 아니라 너희와 우리 사이에 큰 구렁텅이가 놓여 있어 여기서 너희에게 건너가고자 하되 갈 수 없고 거기서 우리에게 건너올 수도 없게 하였느니라"(누가복음 16장 26절)

한 번 죽어 세상을 떠나면 두 번 다시 기회가 없는 영원한 절망의 장소가 지옥이었음을 알았어야 했다.

이 땅에서는 무엇이든지 기도하면 응답을 받을 수 있다. 무엇이든지 기도하면 주님께서 응답해 주신다고 약속하셨다. 그래서 이 땅에 살아있는 동안은 항상 희망이 있다. 기도할 수 있기 때문이다. 그러나 죽어 세상 떠난 이후에는 희망이 아니라 영원한 절망인 것이다.

모든 기도와 간구가 거절당하는 장소가 지옥이다. 다시는 기회가 없는 영원한 절망의 장소이다.

부자가 죽어서 가보니 천국은
이 땅에 살아있을 때 준비해야 함을 깨달았다

지옥에 들어간 부자는 고통 가운데 이렇게 부르짖는다.

"이르되 그러면 아버지여 구하노니 나사로를 내 아버지의 집에 보내소서 내 형제 다섯이 있으니 그들에게 증언하게 하여 그들로 이 고통 받는 곳에 오지 않게 하소서"(누가복음 16장 27-28절)
"아브라함이 이르되 그들에게 모세와 선지자들이 있으니 그들에게 들을 지니라"(누가복음 16장 29절)

천국은 이 세상에 살아있을 때 준비해야 함을 깨우쳐 주는 말씀이다. 천국과 지옥에 대한 이 세상 사람들의 반응은 이렇다.

"누가 천국에 가봤나?" "누가 지옥에 가 본 자가 있는가?"

그렇다. 가보면 끝이다. 가본 적이 없으니 여기서 믿으라는 요청이다. 예수님이 말씀하신 부자의 어리석음은 무엇인가? 가보니까 천국이 있고, 가보니까 지옥이 있지 않는가? 그래서 여기에서 믿으라는 말이다. 천국은 이 지상에 살아있을 때 준비해야 하는 곳이다. 이 지상에 살아있는 동안 해야 할 가장 중요한 삶의 과제는 천국을 준비하는 것이다.

천국을 준비하는 삶은 어렵고 힘든 일이 아니다. 평생 동안 부자의 대문간에서 음식 찌꺼기로 연명하던 거지 나사로는 천국을 준비하는 지혜로운 삶을 살았다. 거지였으니 다른 사람에게 무슨 도움을 주었겠는가? 천국은 어떤 일을 행함으로 가는 곳이 아니다. 오직 예수 그리스도를 믿음으로 가는 곳이다. 날마다 호화로이 연락하던 부자는 죽은 후의 다음 세상에 관해서 무관심하였다. 그 결과 부자는 영원히 불행한 사람이 되었다.

천국을 준비하는 길은 단 하나이다. 천국을 준비하는 비결은 예수를 믿는 것뿐이다. 천국에 들어가는 자격은 예수에 대한 반응으로 결정된다.

"주 예수를 믿으라 그리하면 너와 네 집이 구원을 받으리라"
(사도행전 16장 31절)

천국은 예수 믿는 사람만 들어가도록 하나님께서 정하셨다. 그런데 왜, 예수 믿는 사람들만 천국에 들어가도록 하셨을까?

"예수께서 이르시되 내가 곧 길이요 진리요 생명이니 나로 말미암지 않고는 아버지께로 올 자가 없느니라"(요한복음 14장 6절)

이병철 회장은 천국과 지옥에 관한 질문을 하였다. "인간이 죽은 후에 영혼은 죽지 않고, 천국이나 지옥으로 간다는 것을 어떻게 믿을 수 있나?" 나는 믿을 수 없다. 그러나 나를 믿을 수 있도록 도와주시는 분이 계신다. 바로 예수 그리스도의 영 성령님이시다.

예수는 우리의 罪를 대신 속죄하기 위해 죽었다는데,
(죄)
우리의 罪란 무엇인가?
왜 우리로 하여금 罪를 짓게 내버려 두었는가?

— 삼성 창업주 이병철 회장의 마지막 질문

Question 7
―
죄에
대하여

예수는 우리의 죄를 대신
속죄하기 위해 죽었다는데
우리의 죄란 무엇인가?

왜 우리로 하여금
죄를 짓게 내버려 두었는가?

죄란 무엇인가?

죄의 결과는 무엇인가?

죄를 해결하시는 하나님의 방법은 무엇인가?

죄란 무엇인가?

　독일의 철학자 쇼펜하우어(Arthur Schopenhauer, 1788-1860)의 일화이다. 어느 날 그는 적막한 공원 벤치에 앉아 깊은 사색에 잠겨 있었다. 그 순간 공원을 관리하는 순찰자가 "거기 누구요?" 하고 신원 확인 차 물었다. 그때 쇼펜하우어의 머릿속에서 인생과 철학의 주제가 섬광처럼 지나갔다. 철학자는 대답했다. "내가 누구인지를 지금 생각 중이오"라고. '나는 누구인가?' 이 물음이 철학과 사색의 주제가 되었다는 이야기다.

　철학의 대부라 불리는 임마누엘 칸트(Immanuel Kant, 1724-1804)의 철학과 사색의 주제는 '인간학'이었다. 칸트 철학의 주제는 "사람이 무엇인가?"로부터 출발한다. 그의 인식론에서는 "나는 무엇을 알 수 있는가?", 윤리학에서는 "나는 무엇을 해야 하는가?", 종교 철학에서는 "나는 무엇을 희망해도 좋은가?"라는, 인생과 삶에 관한 심오한 질문에서 그의 사색과 철학이 시작된다.

그러나 인간 존재의 정체성은 인간 안에서는 찾을 수가 없다. 인간에 관한 질문은 할 수 있지만, '인간이 누구이다'라는 인간학에 관한 답을 내어 놓을 수 없는 것이 인간의 한계이다. "내가 누구인가?"에 대한 답은 내 스스로 연구하고 생각함으로 찾을 수 있는 것이 아니라는 말이다. 누군가가 내게 내가 누구인지를 설명해 줄 때에만 알 수 있을 뿐이다. 이 누군가가 바로 나를 인간 존재로 이 세상에 살게 하신 분, 창조자, 전능자이신 하나님이다.

내가 누구인지를 설명해 줄 수 있는 분은 오직 하나님뿐이다. 내가 내 인생에 관해서 연구하고 사색한다고 나의 정체를 설명할 수 있는 존재가 아니다. 내가 누구이며 왜 여기 있는지, 그리고 무엇을 해야 하는지, 그리고 마지막 날 죽어서 어디로 가는 것인지, 이는 연구하고 공부하고 생각한다고 대답할 수 있는 이야기가 아니다. 나에 관해서 설명이 가능하신 분은 오직 하나님 한 분뿐이며 성경을 통해서 말씀하고 계신다.

이병철 회장의 질문은 인간학의 주제요 기독교 신학의 본질에 대한 질문이다. "왜 사람은 모두 죄인인가?" 이 말은 하나님께서 성경을 통하여 말씀하신 인간학의 선언이다. 성경은 태초의 사람 아담 이후로 모든 사람을 죄인으로 규정한다. 선하게 태어나서 세상을 살아가면서 죄인이 되는 것이 아니라, 이미 처음부터 죄인으로 태어나서 죄인으로 살다가 죄인으로 죽는다는 것이 성경이 가르쳐 주는 말씀이다.

이스라엘의 왕으로 파란만장한 삶을 살았던 다윗은 시편 51편 5절에서 이렇게 절규한다.

"내가 죄악 중에서 출생하였음이여 어머니가 죄 중에서 나를 잉태하였나이다"

사람은 이미 죄인으로 세상에 태어났음을 성경이 증언하고 있다.

기독교 신학의 핵심을 꿰뚫고 있는 바울이 하나님의 말씀을 받아 로마서 3장 23절에 이렇게 기록하였다.

"모든 사람이 죄를 범하였으매 하나님의 영광에 이르지 못하더니"

이 세상에서 살다 간 사람이나, 지금 생존하고 있는 지구상의 모든 사람이나, 그리고 앞으로 어느 곳에서 누구의 자손으로 태어나든지, 사람은 모두 죄인으로 태어나서 죄인으로 살다가 죄인으로 죽어 영원히 죄 값을 받아야 할 비극적 존재임을 성경은 말한다.

죄는 어디에서 어떻게 시작되었는가? 죄가 처음 시작된 곳은 인간이 살고 있는 지상이 아니다. 하늘에서 먼저 시작되었다. 우리가 살고 있는 지상이 무서운 죄로 오염되기 전에 먼저 하늘에서 얼룩졌던 것이다(이사야 14장 12-15절). 하늘에서 먼저 시작되었지만 죄는 결코 하나님으로부터 시작된 것은 아니다.

"하나님은 악을 행하지 아니하시며 전능자는 결코 불의를 행하지 아니하

시고"(욥기 34장 10절)

하나님은 온전히 거룩하신 분이므로 죄나 불의를 용납할 수 있는 분이 아니다.

"그가 하신 일이 완전하고 그의 모든 길이 정의롭고 진실하고 거짓이 없으신 하나님이시니 공의로우시고 바르시도다"(신명기 32장 4절)

사람에 관한 어떤 행위나 판단이 죄인가 아니면 의인가를 판단할 수 있는 유일한 분은 우주에서 하나님 한 분뿐이다.

그러면 지혜와 능력이 무한하신 하나님께서 죄가 세상에 들어오도록 왜 허락하셨을까? 이에 대한 설명은 신학으로도 설명하기가 난감하다. 그러나 최선의 설명이란 "하나님께서는 인간이 이해할 수 있는 한계를 넘은 어떤 이유로 인하여 죄가 세상에 들어오도록 허락하셨다"는 사실을 추측할 뿐이다.

확실한 것은 하나님께서는 죄가 이 세상에 들어올 수 있다는 사실을 미리 아셨다는 것이다. 또한 이 죄로 인하여 발생되는 모든 악과 고통 그리고 죽음과 파멸이 올 것을 알고 계셨다.

하나님께서는 죄로 인하여 그의 독생자를 죽음의 자리에 내어놓아야만 하는 엄청난 대가를 지불하며, 죄로 인한 갖가지 고통을 당해야 함을 알고 계셨다. 그럼에도 불구하고 하나님만이 알고 계시는 더 좋은 어떤 목적 때문에 죄를 하늘나라와 지구의 인간 세상에 허용하신 것이다.

도대체 죄란 무엇인가?

"너 아침의 아들 계명성이여 어찌 그리 하늘에서 떨어졌으며 너 열국을 엎은 자여 어찌 그리 땅에 찍혔는고 네가 네 마음에 이르기를 내가 하늘에 올라 하나님의 뭇 별 위에 내 자리를 높이리라 내가 북극 집회의 산 위에 앉으리라 가장 높은 구름에 올라가 지극히 높은 이와 같아지리라 하는도다"
(이사야 14장 12-14절)

계명성이라 하는 루시퍼(Lucifer)는 천사장이었다. 그는 하나님의 뜻에 대항하여 자신을 하나님과 같은 위치로 세우려는 욕망이 가득했다.

내가 하늘에 올라가리라.
나의 보좌는 뭇별 위에 높이리라.
내가 북극 집회의 산 위에 좌정하리라.
내가 가장 높은 구름에 오르리라.
내가 지극히 높은 자와 비기리라.

이 표현들은 하나님을 정면으로 대항하는 고의적인 야망을 나타내는 것이요, 하나님과 동등한 위치와 자리를 탐내는 욕망의 표현이다. 하나님과 같은 위치에 오르는 것, 이것이 죄의 뿌리였음을 성경은 증언하고 있다.

하나님이 계셨다. 하나님은 하나님의 영광을 위하여 사랑의 계시로 에덴동산을 창설하시고 하나님을 닮은 사람을 창조하셨다. 하나님께서 세상을 만드실 때 하나님은 하나하나 종류별로 만드시고 스스로 감탄하시고 기뻐하시고 좋아하셨다. 그래서 창세기 1장에서 만물을 하나하나 창조하실 때마다 "하나님이 보시기에 좋았더라"고 표현하였다.

그리고 사람을 지으시고 난 다음 하나님께서 얼마나 좋아하셨는지 "하나님이 지으신 그 모든 것을 보시니 보시기에 심히 좋았더라"(God saw that it was very good)라고 하였다 (창세기 1장 31절).

하나님께서는 하나님이 만드신 것마다 보시고 기뻐하시고 감탄하셨다. 그러나 두 번째 하늘을 창조하신 후에는 "보시기에 좋았더라"는 말씀이 없다. 이는 이미 인간을 지상에 창조하시기 전에 하늘에는 하나님을 대적하는 사탄이 존재하고 있었음을 예시하는 말씀이 아니겠는가?

하나님께서는 하나님을 닮은 사람을 창조하시고 심히 기뻐하셨다. 그리고 사람이 기쁘고 즐겁게 살아갈 수 있는 특별한 동산을 지으셨는데 에덴동산이었다. 에덴이라는 말은 '기쁨', '즐거움'이라는 뜻을 가지고 있으며 '보호하다'라는 의미도 담겨진 말이다. 하나님께서 하나님의 말귀를 알아듣고 반응하며 하나님을 기뻐하고 즐거워할 하나님을 닮은 사람이 살도록 특별한 설계를 따라 만들어 주신 동산이 에덴동산이었다.

> "여호와 하나님이 그 땅에서 보기에 아름답고 먹기에 좋은 나무가 나게
> 하시니 동산 가운데에는 생명 나무와 선악을 알게 하는 나무도 있더라"
> (창세기 2장 9절)

또한 에덴동산에는 네 개의 강물이 넘쳐흐르고 있었다. 비손 강은 부족함이 없는 풍요의 강(창세기 2장 11절)이요, 기혼 강은 생기가 솟구치는 생명의 강(창세기 2장 13절)이요, 힛데겔 강은 하나님의 응답의 강(창세기 2장 14절)이요, 유브라데 강은 아름다운 조화를 이루는 평화의 강(창세기 2장 14절)이었다.

하나님께서는 아담에게 에덴동산을 허락하시면서 자유를 주셨다. 그 자유는 하나님을 믿고 사랑할 수 있는 자유였다.

> "여호와 하나님이 그 사람에게 명하여 이르시되 동산 각종 나무의 열매는
> 네가 임의로 먹되 선악을 알게 하는 나무의 열매는 먹지 말라 네가 먹는 날
> 에는 반드시 죽으리라 하시니라"(창세기 2장 16-17절)

하나님께서는 아담과 하와에게 에덴동산에서 하나님과 함께 생존하도록 생명과 자유를 주셨다. "동산 각종 나무의 열매는 네가 임의로 먹되"(You are free to eat), "임의로 먹으라"는 말은 하나님께서 아담에게 선택의 자유를 주신 것이다. 자유를 부여받은, 지상에서 유일한 존재였다. 태초의 사람 아담은 하나님께서 베푸신 에덴의 축복을 자유롭게 누리며 살도록 은총을 허락받은 존귀한 존재였다.

먹고 살기 위해서 아담이 해야 할 일은 아무것도 없었다. 오직 하나님을 기뻐하고 즐거워하며 하나님의 손을 잡고 동산을 거닐며 무시간 속에서 하나님과 함께 영원한 생존의 은총을 받은 것이다.

하나님께서 사람을 위하여 특별히 설계하신 에덴동산은 완전한 곳이었다. 사람에게 아름다운 생명의 동산을 주시면서 하나님께서는 한 가지를 요구하셨다. 에덴동산 한복판에 있는 선악을 알게 하는 나무의 실과는 먹지 말라고 하셨다. "네가 먹는 날에는 반드시 죽으리라"(창세기 2장 17절) 하셨다.

인간을 세상의 다른 피조물과 달리 존엄한 존재로 지으신 것은 인간에게 판단할 수 있는 이성을 주시고 영으로 계신 하나님의 뜻을 알아차릴 수 있는 인격적 존재요, 영적인 존재로 창조하셨다는 의미이다. 하나님께서 이 세상에 사람을 창조하시기 전에 이미 하늘에는 선과 악이 존재하고 있었다. 선의 기준이신 하나님이 계셨으며 또한 악의 세력으로 하나님을 대적하고 있던 사탄이 존재하고 있었음을 증거하는 것이 선악과였다.

하나님께서는 선과 악을 판단할 수 있는 고도의 지적 존재요, 하나님의 말씀을 알아들을 수 있는 우주에서 유일한 영적 존재로 사람을 지으셨다. 하나님께서 하나님을 닮은 사람에게 에덴의 복을 누리게 하신 후, 이것을 허락하신 분이 하나님인 것을 기억하기를 바라셨다. 왜냐하면 사랑은 관계이기 때문이다.

생명과 에덴의 은총을 기억하도록 하나님께서 시간적으로 정하신 기념일이 안식일이었다(창세기 2장 3절). 일곱째 날 안식일이 되면 아담은 자신의 생명과 삶 그리고 에덴의 행복 모두가 다 하나님께서 주신 은혜임을 기억하고 하나님의 은총에 응답하는 시간으로 안식일을 기억해야 했다.

그리고 에덴의 은혜를 주셨을 뿐만 아니라 너의 생명까지도 모두 하나님의 은혜임을 기억나게 하는 표지가 선악을 알게 하는 나무였다. 선악과는 하나님이 에덴과 생명의 주인임을 기억하도록 하시는 하나님의 은총이었다.

그런데 에덴동산에 침투한 사탄이 뱀으로 가장하여 하와에게 접근했다. 그리고 이렇게 말한다.

"너희가 결코 죽지 아니하리라 너희가 그것을 먹는 날에는 너희 눈이 밝아져 하나님과 같이 되어 선악을 알 줄 하나님이 아심이니라"(창세기 3장 4-5절)

"선악을 알게 하는 나무의 열매는 먹지 말라 네가 먹는 날에는 반드시 죽으리라"(창세기 2장 17절), 이는 하나님의 말씀이었다.

사탄의 주장은 하나님의 뜻과 언제나 반대이다. 하나님께서는 선악을 알게 하는 나무의 열매를 먹는 날에는 반드시 죽으리라고 말씀하셨다. 그러나 사탄은 선악을 알게 하는 나무의 열매를, "너희가 그것을 먹는 날에는 너희 눈이 밝아져 하나님과 같이 되어 선악을 알 줄 하나님이 아심이니라"(창세기 3장 5절)고 하였다.

사탄의 말을 들은 하와는 선악과를 따 먹었다. 그리고 아담에게도 주어 먹게 하였다. 배가 고파서가 아니라 하나님처럼 된다는 유혹에 끌려 선악과를 따 먹은 것이다. 선악과를 따 먹은 아담과 하와는 사탄의 말대로 하나님처럼 되었는가? 다른 것은 하나님같이 된 것이 하나도 없었다. 그러나 오직 하나가 있었다. 창세기 3장 22절 말씀이다.

"여호와 하나님이 이르시되 보라 이 사람이 선악을 아는 일에 우리 중 하나 같이 되었으니 그가 그의 손을 들어 생명 나무 열매도 따먹고 영생할까 하노라"

선악과를 따 먹은 아담과 하와는 사탄의 말대로 하나님과 같이 되었다. 하나님과 같이 되었다는 것은 하나님의 전지성, 전능성, 선하고 공의로운 하나님의 속성을 닮은 것이 아니다. 오직 하나, "선악을 아는 일에 우리 중 하나 같이 되었으니"(창세기 3장 22절)라고 하였다. 선악과를 건드린 인간은 하나님의 존재를 인정하지 않고 자기 자신이 하나님이 되어 하나님 노릇을 하게 되었다는 말이다.

선악을 아는 일에만 하나님과 같이 되었다는 말은 무슨 뜻인가? 모든 선과 악의 표준이 자신에게 있다고 믿는 것이다. 이는 하나님의 존재를 인정하지 않고 스스로 자신을 하나님처럼 여기고 살아가는 것이다. 기독교 신앙에서는 하나님을 인정하지 않는 것을 죄라

한다. 하나님을 믿지 않는 것, 이것이 죄이다.

죄란 하나님을 믿지 않는 것이다

하나님께서 하신 말씀은 이렇다.

"네가 먹는 날에는 반드시 죽으리라"(창세기 2장 17절)

사탄이 한 말은 이렇다.

"너희가 결코 죽지 아니하리라"(창세기 3장 4절)

하나님의 말씀은 "반드시 죽으리라"는 것이었다. 사탄의 말은 "결코 죽지 아니하리라"는 것이었다. 태초의 사람 아담과 하와는 하나님의 말씀을 믿지 않고 사탄의 말을 믿었다. 죄란 하나님의 말씀을 믿지 않고 사탄의 말을 믿는 것이다.

하나님의 말씀을 믿지 않는 것은 곧 하나님을 믿지 않는 것이다. 그래서 신약성경에 죄가 무엇인가를 정의해 주는 말씀이 있다.

"믿음을 따라 하지 아니하는 것은 다 죄니라"(로마서 14장 23절)

인간에게 죄란 하나님을 믿지 않는 것이다. 따라서 하나님의 말씀을 믿지 않는 것이 죄임을 성경은 증언한다. 지상에 살고 있는 인간에게 하나님께서 강력하게 요구하시는 것이 있다. "오직 믿으라"이다.

신약성경 요한복음 16장 9절 말씀이다. "죄에 대하여라 함은 그들이 나를 믿지 아니함이요"라고 하였다. 인간에게 죄란 하나님을 믿지 않는 것이다. 따라서 하나님의 말씀을 믿지 않는 것이다.

죄란 선악의 모든 기준이 인간 자신이라고 믿는 것이다

사탄의 말대로 하와가 선악과를 따 먹은 이유는 하나님과 같이 된다는 유혹에 의해서이다. 사탄의 말대로 선악과를 따 먹은 인간은 세상의 모든 표준이 자신임을 주장하는 거짓 하나님이 되어 각자 하나님처럼 살아가는 존재가 되었다. 선악과를 건드린 인간의 후예들은 모두 자신이 하나님이 되어 하나님 노릇하기 시작하였다. 인간 사이의 갈등과 분쟁, 싸움과 다툼 그리고 전쟁까지도 인간이 하나님 노릇을 하는 충동에 불과하다.

절대자 하나님은 선과 악을 최종적으로 판단할 수 있는 분이다. 그래서 예수님은 "내가 곧 길이요 진리요 생명이니 나로 말미암지 않고는 아버지께로 올 자가 없느니라"(요한복음 14장 6절), 자신을 가리켜 진리라고 말씀하셨다. 예수님만이 영원히 변할 수 없는 절대적인 진리이다. 인간과 세상의 선과 악에 대한 최종적 판단자는 오직 예수님뿐이다. 예수님만이 영원하신 진리이기 때문이다. 선과 악의 판단 기준은 오직 예수 그리스도뿐이다.

그러나 선악과를 따 먹은 인간은 선과 악의 표준을 모두 자신에게 둔다. 살아온 삶의 경험과 지식, 체험, 생각, 사고, 사랑 모두 자신을 진리의 표준으로 여기고 판단의 잣대로 삼는다. 그래서 인간 세상은 갈등과 다툼과 싸움이 끊이지 않는다. 다 자기 자신이 하나님이니까. 인간은 모두 자기 자신이 하나님 노릇을 하며 살아가는 교만한 존재가 되었다.

세상이 시작될 때부터 지금까지 그리고 영원까지 참된 진리는 예수님뿐이다. 인간 세계의 모든 갈등과 혼돈은 모두 자신의 생각이나 지식을 판단 기준으로 삼기 때문에 일어난다. 그러므로 기독교에서 회개라는 말의 의미는 자신의 판단과 기준을 버리고 진리이신 예수님을 인생과 역사의 표준으로 삼는 것이다. 예수님을 삶과 역사의 영원한 진리로 믿고 살아가는 사람이 참된 그리스도인이다.

인간에게 죄란 무엇인가? '하나님을 믿지 않는 것'이다. 따라서 하나님의 말씀을 믿지 않는 것이다.

죄의 결과는 무엇인가?

　하나님을 반역한 아담은 하나님의 말씀을 피하여 동산 나무 사이에 숨었다고 성경은 기록하고 있다(창세기 3장 8절). 하나님을 믿지 않는 사람은 그 순간부터 두려움과 불안이 시작된다. 인간 속에 있는 두려움과 불안은 하나님을 믿지 않는 데서 오는 결과이다. 지상에 살아가는 모든 사람은 늘 두려움과 불안에 빠져 살아가고 있다.

　하나님을 믿지 않는 인간의 실존은 두려움과 불안에서 벗어날 수가 없다. 집 나간 탕자를 목이 타게 이름을 부르며 찾아 나섰던 아버지처럼 죄를 범하고 숨어버린 인간에게 하나님이 찾아오셨다. 이에 아담은 "두려워하여 숨었나이다"(창세기 3장 10절)라고 대답한다.

　하나님을 믿지 않는 인간은 두려움과 불안에 떨며 평생을 살다가 버려져야 할 가련한 신세가 되었다. 믿지 못하는데 어떻게 함께할 수 있는가? 하나님을 믿지 못하는 사람은 사람과 사람 사이에도 믿을 수 없는 단절을 가져왔다. 하나님께서 아담에게 하와를 배필로 허락하셨을 때 "내 뼈 중의 뼈요 살 중의 살이라"(창세기 2장 23절)고 하였던 아담은 아내에게 모든 책임을 전가시키려는 치사하고 이기적인 무책임한 존재가 돼 버리고 말았다. 하나님을 믿지 못하는 사람은, 사람도 서로 믿을 수 없는 인격의 파괴를 가져왔다.

"내가 네게 먹지 말라 명한 그 나무 열매를 네가 먹었느냐"(창세기 3장 11절)

책임을 물으시는 하나님께 아담은 이렇게 항변한다.

"아담이 이르되 하나님이 주셔서 나와 함께 있게 하신 여자 그가 그 나무 열매를 내게 주므로 내가 먹었나이다"(창세기 3장 12절)

아담은 선악나무 실과를 먹은 책임을 하나님과 자신의 아내에게 돌린다. 하나님을 배신한 죄인은 모든 불행과 고통의 원인을 하나님 탓으로 돌리고 하나님을 원망한다. 그리고 실패의 원인을 다른 사람 탓으로 돌리는 아주 치사하고 무책임한 인간으로 전락한다.

하나님을 믿지 않고 사탄의 말을 믿어 죄를 범한 인간에게는 삶이 기쁨과 행복이 아니라 원망과 고통과 형벌이었다. 여자에게 자식을 낳게 하는 잉태는 하나님의 가장 귀하고 선하신 창조 질서였다. 그러나 하나님께서 주신 가장 큰 축복이 가장 큰 고통이 되었다. 따라서 죄를 범한 아담은 고생하고 수고하여야 먹고 사는 고통의 삶이 시작되었다. 그리고 하나님을 반역한 죄 값은 죽음이었다.

"너는 흙이니 흙으로 돌아갈 것이니라"(창세기 3장 19절)

하나님을 믿지 않은 인간은 고통과 아픔 속에 살다가 때가 되면 흙으로 돌아가는 허망하고 허무한 존재가 된 것이다.

인간 최초의 살인 사건이 어디에서 일어났는지 아는가?

가인과 아벨 형제가 하나님께 제사드린 그 현장에서 형이 동생을 돌로 쳐 죽였다. 인류 최초의 살인 사건이었다. 하나님을 믿지 않고 사탄을 믿은 인간은 형제끼리도 믿을 수 없는 살인자가 되고 말았다. 내가 안 되는 원인을 모두 저놈 탓으로 돌린 것이다. 이것이 하나님을 믿지 않은 죄인의 참혹한 상태였다. 형제간에 돌봐주고 사랑해야 할 형이 동생을 살해한 것이다. 하나님께서 동생을 돌로 쳐 죽인 가인에게 물으신다.

"네 아우 아벨이 어디 있느냐"(창세기 4장 9절)

하나님을 믿지 않고 세상을 살아가는 자의 삶의 방식은 태초에 인간이 믿었던 사탄에 의해서 조종당하며 사는 것이다.

"네가 땅에서 저주를 받으리니 네가 밭을 갈아도 땅이 다시는 그 효력을 네게 주지 아니할 것이요 너는 땅에서 피하며 유리하는 자가 되리라"
(창세기 4장 11-12절)

사람 사이에 일어난 일도 결국 하나님께서 심판하신다.

아담이 하나님을 믿지 않는 범죄를 저질렀을 때는 그래도 땀 흘리고 노력하면 수고한 만큼 결실을 거두리라고 하나님을 배반한 자에게도 은혜를 베푸셨다(창세기 3장 19절). 그러나 가인이 동생 아벨을 쳐 죽였을 때는 아무리 노력하고 땀을 흘려도 결실이 없을 것이라는 심판을 내리셨다(창세기 4장 12절).

사람이 하나님께 범죄한 것보다 사람이 사람에게 범죄한 것을 하나님은 더욱 큰 형벌로 다스린 것이다. 노력해도 안 되는 것만큼 더 큰 형벌이 어디 있겠는가? 사람에게 범죄한 자는 잘 될 거라고 기대해서는 안 된다. 땀을 흘려도 소출이 없다. 하나님을 믿지 않는 사람은 사탄을 믿고 살다가 죽음으로 버림받는 비극적 존재가 된 것이다.

죽음이란 무엇인가?

죽음이란 인간이 세상에서 영원히 사라져 없어지는 게 아니라 하나님으로부터의 영원한 분리를 말한다. 죄 값으로 죽는 죽음의 뜻이 무엇인가를 예수님께서 십자가에서 보여주셨다.

> "엘리 엘리 라마 사박다니 하시니 이는 곧 나의 하나님, 나의 하나님, 어찌하여 나를 버리셨나이까"(마태복음 27장 46절)

성경에서 인간의 죽음은 존재 자체가 사라지는 것이 아니다. 하나님으로부터의 영원한 분리, 영원한 버려짐이 죄인의 죽음이다. 하나님을 믿지 않는 죄인의 운명은 다시는 기회가 없는 불과 유황이 타는 지옥임을 성경이 증언하고 있다. 하나님을 믿지 않는 불신은 용서할 수 없는 죄이다. 하나님을 믿을 수 없다는 사람, 하나님을 못 믿겠다는 사람에게 하나님은 어떻게 하시겠는가? 당신은 당신을 믿지 못하겠다는 사람과 함께 살 수 있는가?

하나님은 믿을 수 없다고, 사탄을 믿고 지지한 사람을 어떻게 하면 좋겠는가? 하나님께서 함께할 수 없는 사람에 대한 분노가 바로 지옥이다. 지옥에 대한 성경의 증언을 들어보자.

"아버지 아브라함이여 나를 긍휼히 여기사 나사로를 보내어 그 손가락 끝에 물을 찍어 내 혀를 서늘하게 하소서 내가 이 불꽃 가운데서 괴로워하나이다" (누가복음 16장 24절)

"그러나 두려워하는 자들과 믿지 아니하는 자들과 흉악한 자들과 살인자들과 음행하는 자들과 점술가들과 우상 숭배자들과 거짓말하는 모든 자들은 불과 유황으로 타는 못에 던져지리니 이것이 둘째 사망이라" (요한계시록 21장 8절)

예수님께서 이 땅에 오신 목적은 죄를 해결하기 위해서였다.

인간 세상에서 가장 큰 죄는 하나님을 믿지 않는 것이다. 왜냐하면 인간은 하나님을 믿고 살도록 지음 받았기 때문이다.

"오직 의인은 믿음으로 말미암아 살리라" (로마서 1장 17절)

죄를 해결하시는
하나님의 방법은 무엇인가?

다시 한 번 기회를 주시는 하나님

그런데 놀라운 일이 일어났다. 사람이 구원받을 수 있는 길이 열렸다. 하나님께서 하나님을 믿지 않는 죄인을 구원하기로 작정하신 것이다. 하나님께서 인간을 포기하지 않으셨기 때문이다. 하나님께서 하나님을 불신한 사람에게 다시 한 번 기회를 주기로 구원 계획을 세우신 것이다.

하나님께서 사람을 죄와 죽음으로부터 구원하시려는 구원계획서가 바로 성경이다. 아담과 하와가 범죄하였을 때 하나님은 인간의 죄를 해결할 수 있는 대안을 내어놓으셨다. 창세기 3장 15절에 "여자의 후손은 네 머리를 상하게 할 것이요"라고 하였다. 죄의 문제를 해결하실 구세주 예수 그리스도를 세상 역사 안에 보낼 것을 계획하셨다. 나를 포기할 수 없으신 하나님, 나를 포기하지 않으시는 하나님께서 나를 죄와 죽음과 심판에서 구원하시려는 하나님의 구원 계획서가 바로 성경이다.

아담과 하와가 스스로 죄를 해결하는 방법이 있었다. "눈이 밝아져 자기들이 벗은 줄을 알고 무화과나무 잎을 엮어 치마로 삼았더라"(창세기 3장 7절)고 기록되어 있다. 죄를 범한 인간은 스스로 죄를 해결하려는 방법을 찾는다. 인간은 죄의 수치를 가리려고 교양, 종교, 예술, 학문, 철학, 사상이라는 무화과 잎을 엮어 부끄럽고 수치스러운 자신을 가리는 데 골몰한다. 죄가 없는 사람처럼 자신을 꾸미는 데 힘을 다한다.

그러나 얼마 가지 않아 무화과나무 잎은 시들어 버리고 또다시 죄악과 수치를 가리기 위하여 나뭇잎을 엮어 부끄러운 치부를 가리는 일을 반복하다가 죽음으로 세상을 떠나는 것이다. 죄란 하나님께 범한 것이기 때문에 하나님께서 해결책을 주시지 않으면 인간의 힘으로는 불가능한 영역이다. 창세기 3장 21절에 죄를 해결해 주시는 하나님의 방법이 제시되어 있다.

"여호와 하나님이 아담과 그의 아내를 위하여 가죽옷을 지어 입히시니라"

사람이 죄를 해결해 보려고 시도한 방법이 무화과나무 잎을 엮어 수치를 가리는 것이었다. 그러나 얼마 가지 못하여 무화과나무 잎은 시들어 버리고, 다시 만들어야 하는 일을 반복하다가 결국 죄를 해결하지 못한 채 인간은 죄 값으로 영원한 형벌을 피할 수 없게 된 것이다.

그러나 하나님께서는 죄를 해결하시는 방법이 있었다. 그것은 양을 죽여 양가죽으로 죄와 허물을 가리는 가죽옷을 지어 입히는 것이었다. 세월이 가도, 비바람이 몰아쳐도, 가죽옷은 변치 않는다. 이것은 예수님의 죽음을 통하여 인간을 구원하시려는 하나님의 구원계획을 예표한 것이다.

> "우리가 아직 연약할 때에 기약대로 그리스도께서 경건하지 않은 자를 위하여 죽으셨도다"

로마서 5장 6절 말씀이다. 인간 스스로는 죄를 해결하는 일이 불가능할 때 예수님이 죽으심으로 죄를 해결하셨다는 말이다.

> "우리가 아직 죄인 되었을 때에 그리스도께서 우리를 위하여 죽으심으로 하나님께서 우리에 대한 자기의 사랑을 확증하셨느니라"

로마서 5장 8절 말씀이다. 우리가 죄인 되었을 때 예수님이 죽으셨다는 말이다. 이유는 사랑하기 때문이었다.

> "곧 우리가 원수 되었을 때에 그의 아들의 죽으심으로 말미암아 하나님과 화목하게 되었은즉 화목하게 된 자로서는 더욱 그의 살아나심으로 말미암아 구원을 받을 것이니라"

로마서 5장 10절 말씀이다. 사람도 서로 믿지 못하면 원수가 된다. 하나님을 믿지 않는 인간은 하나님과 원수가 되었다고 성경은 증언한다. 인간을 죄에서 구원하시는, 하나님의 인간 구원사를 기록한 것이 바로 성경 말씀이다.

하나님의 인간 구원 계획

죄란 무엇인가? 하나님을 믿지 않고 사탄을 믿는 것이 죄이다. 하나님께 범죄한 인간은 죄인의 운명을 스스로 벗어날 수가 없다. 그리고 죄의 결과는 죽음이다. 히브리서 9장 27절 말씀이다.

"한번 죽는 것은 사람에게 정해진 것이요 그 후에는 심판이 있으리니"

인간은 죄와 죽음과 심판을 피할 수 없는 운명적 실존임을 성경이 증언하고 있다. 하나님께서는 죄와 죽음과 심판으로부터 인간을 구원하시고자 구원 계획을 세우시고 역사를 운영하셨다. 하나님께서 인간을 구원하시는 구원계획서가 바로 성경이다.

하나님의 인간 구원 계획은 이 세상에 인간을 구원할 수 있는 구세주를 보내는 것이었다. 왜냐하면 인간 세상에는 구세주가 될 만한 존재가 아무도 없기 때문이다. 인간을 죄와 죽음과 심판에서 구원하는 구세주가 되려면 조건을 갖추어야 한다.

첫째, 죄가 없는 의인이어야 한다. 죄인이 죄인을 어떻게 구원할 수 있는가?

둘째, 죄인의 죄 값을 담당하겠다는 사랑이 있어야 한다. 너의 죄를 나의 죄로 결단할 수 있는 용기 있는 자가 누구인가?

셋째, 죄 값으로 죽었다가 죽음을 이기고 부활할 수 있어야 한다.

인간을 죄와 죽음과 심판에서 구원하는 구원자가 되려면 하나님의 요구와 인간의 필요를 충족할 수 있는, 하나님과 인간 사이의 중보자가 될 수 있어야 한다.

> "하나님은 모든 사람이 구원을 받으며 진리를 아는 데에 이르기를 원하시느니라 하나님은 한 분이시요 또 하나님과 사람 사이에 중보자도 한 분이시니 곧 사람이신 그리스도 예수라"(디모데전서 2장 4-5절)

하나님과 인간의 필요를 동시에 만족시킬 수 있는 유일한 구원자는 예수 그리스도뿐임을 성경은 증언한다. 이 세상에 구세주로 오신 예수 그리스도는 하나님의 신적인 요소와 인간적인 요소를 모두 가지고 계셨다.

예수님의 신적인 요소는 성령으로 잉태된 사건으로 시작된다. 그리고 가나의 혼인 잔칫집에서 물을 포도주로 만드는 기적을 행하셨고, 보리떡 다섯 개와 물고기 두 마리로 오천 명을 먹이고도 열두 광주리가 남는 기적을 행하셨다. 회당장 야이로의 어린 딸을 죽음에서 살려 주셨고, 나인성의 청년이 죽어 땅에 묻히기 전에 죽은 청년을 다시 살려 내신 기적은 모두 예수님이 하나님의 아들이심을 증명하는 사건이었다.

예수님이 바다와 바람을 잔잔케 하시고, 말씀 한 마디로 귀신을 쫓아내며 또한 눈먼 자가 보고 귀머거리가 듣고 벙어리가 입이 풀려 말하게 하신 일들은 예수님이 하나님 됨을 증거하는 사건이었다.

또한 예수님은 하나님이셨을 뿐만 아니라 완전한 사람이기도 하셨다. 예수님은 사람이 태어나는 과정과 똑같이 어린 아기로 태어나셨다. 그리고 요셉과 마리아의 아들로서 어린 시절을 보내셨고, 때로는 배고프고 피곤해 하기도 하셨다. 예수님이 사마리아 성으로 가시는 중에 수가라 하는 동네에 이르러 우물 곁에서 여인에게 물을 요청한 것은 예수님이 완전한 사람이었음을 증언해준다.

예수님이 나사로의 무덤에 가서 눈물을 흘리며 우신 것도 완전한 사람으로서의 모습을 증거해 준다.

"예수께서 눈물을 흘리시더라"(요한복음 11장 35절)

하늘과 땅을 지으신 전능하신 하나님께서 사람으로 이 세상에 오셔서 사랑하는 자의 죽음 앞에서 눈물을 흘리며 우신 것이다.

무엇보다 예수님이 인성을 가진 사람으로 깊은 고뇌와 고통을 드러낸 곳은 십자가의 현장이었다. 십자가의 죽음을 앞에 놓고 감람산 언덕에 엎드려 간절히 기도하실 때 땀이 땅에 떨어지는 핏방울 같이 되었다고 하였다.

"예수께서 힘쓰고 애써 더욱 간절히 기도하시니 땀이 땅에 떨어지는 핏방울 같이 되더라"(누가복음 22장 44절)

예수님이 십자가 형틀에 달려 죽어갈 때 "내가 목마르다"(요한복음 19장 28절)고 신음하신 것은 예수님이 사람으로 처절한 고통을 받는 장면이 아닐 수 없다.

하늘과 땅을 지으시고, 구름으로 비를 내리게 하시고, 땅속 깊은 곳에 샘물이 터지게 하시고, 넓고 넓은 대양과 강물이 태초부터 지금까지 마르지 않도록 주관하시는 하나님이 아니신가? 그런데 예수님이 십자가에 달려 죽어가는 마지막 순간 타들어 가는 입술에 한 모금의 물도 허락되지 않은 채 "목마르다, 내가 목마르다" 신음한 것은 사람으로서 받는 처절한 고통이 아니던가?

하나님을 반역한 인간을 죄에서 구원하시는 구원자는 하나님의 요구와 사람의 요구를 동시에 해결할 수 있는 능력과 자격을 갖춘 자이어야 한다. 하나님께서 성경을 기록하셔서 인간에게 허락하신 이유는 하나님이며 사람이신 예수님을 통하여 인간으로는 도저히 해결할 수 없는 죄와 죽음과 심판에서 구원하시려는 하나님의 구원 역사를 알려 주시기 위함이다.

무엇보다도 먼저 인간은 우선 구원받아야 할 존재임을 성경은 증언하고 있다. 그러나 사람으로부터 시작된 종교나 철학이나 사상은 구원을 말하지만 구원자가 없다. 오직 성경만이 인간을 죄와 죽음과 심판에서 구원하시는 구원자로 예수님을 기록하고 있다. 예수님이 이 지구상에 사람의 몸을 입고 들어오신 목적은 인간을 죄와 사망과 심판에서 구원하시기 위함이었다.

하나님의 사자가 요셉에게 나타나 마리아에게서 태어날 아기에 관하여 이렇게 말했다.

"아들을 낳으리니 이름을 예수라 하라 이는 그가 자기 백성을 그들의 죄에서 구원할 자이심이라 하니라"(마태복음 1장 21절)

베드로는 예수님이 죽으셨다가 부활하심을 직접 현장에서 목도한 사람이었다. 그가 성령의 능력을 받고 외친 말씀이다.

"다른 이로써는 구원을 받을 수 없나니 천하 사람 중에 구원을 받을 만한 다른 이름을 우리에게 주신 일이 없음이라 하였더라"(사도행전 4장 12절)

인간의 죄를 해결하시는 하나님의 방법

인간의 원초적 죄는 하나님을 믿지 않고 사탄을 믿은 것이다. 따라서 하나님을 믿지 않은 것은 하나님의 말씀을 믿지 않은 것이다.

하나님께서는 동물을 본능적으로 생존하도록 창조하셨다. 본능으로 살아가는 동물에게는 책임을 묻지 않는다. 하나님은 인간에게만 자유와 의지 그리고 판단과 이성을 따라 행할 수 있는 인격의 힘을 부여하셨다. 그래서 인간의 자유와 의지와 판단에는 반드시 책임이 뒤따르게 되어 있다. 하나님은 인간을 책임적 존재로 지으셨다. 동물에게는 책임을 묻지 않으신다. 오직 인간에게만 말과 행위에 관한 책임이 뒤따른다.

또한 하나님께서 하나님의 모양대로 지으신 최고의 지적 존재인 인간은 믿음으로 살도록 지음 받았다. 믿음은 인격적인 판단과 결단이다. 하나님께서 지으신 피조물 가운데 오직 사람에게만 자유와 믿음의 은총을 허락하셨다.

사람은 태어날 때부터 믿음의 존재로 태어난다. 어린 아기가 자라면서 엄마 아빠를 부르는 것은 검증해서 확인된 증거를 가지고 부르는 것이 아니라 믿음으로 부르는 것이다. 사람이 세상을 살아가는 삶의 방식은 지식이 아니라 믿음이다. 하나님께서 믿음으로 살아가도록 섭리하셨다.

하나님의 형상대로 지음 받은 인간에게 가장 중요한 것은 인격과 믿음이다. 인간은 믿음으로 살도록 지음 받은 존재이다. 그러나 사람은 하나님과 하나님의 말씀을 믿지 않았다. 오히려 사탄을 믿고 사탄의 말을 믿었다. 바로 그것이 죄이다.

하나님의 말씀인 성경이 도대체 인간에게 요구하는 것이 무엇인가? '믿으라'는 말씀이다. 성경은 하나님을 믿지 않는 것이 죄라고 말한다. 그럼에도 불구하고 사람을 사랑하시는 하나님의 사랑 이야기를 써 놓은 책이 성경이다.

사람이 저지른 죄를 해결하는 방법은 오직 한 가지뿐이다. 그것은 죄 없는 의인이 죄인의 죄 값을 대신 담당하는 것밖에는 다른 길이 없다. 죄 값을 대신 담당한다는 것은 죄 값으로 오는 죽음과 심판을 대신 받는 것이다.

하나님께서 죄인 된 인간을 구원하기 위하여 구원 계획을 세우셨다. 그리고 구원자를 이 세상에 보내기 위하여 역사의 통로를 만드셨다. 하나님께서 인간 역사를 운행하시는 목적은 구원자를 역사 안에 보내셔서 인간의 죄를 해결하시고 죄와 죽음과 심판에서 인간을 구원하여 하나님의 자녀로 다시 회복하시는 것이었다.

하나님께서 인간을 구원하시려는 구원 계획은 이스라엘 역사를 통해서 준비하셨다. 하나님께서는 이스라엘 역사를 통해서 구원자를 보내려는 통로를 만드시고 드디어 예수님을 세상에 보내셨다. 예수님은 하나님이시지만 사람의 몸으로 역사 안에 들어오셔서 인간이 받아야 할 죄 값을 십자가에서 참혹한 고통으로 담당하셨다. 죄 값은 죽음이었다. 그리고 심판이었다.

성경의 기록 목적은 하나님께서 사람의 몸을 입고 역사 안에 들어오셔서 사람이 받아야 할 형벌을 대신 십자가에서 담당하고 죽었다가 부활하신 분이 예수님인 것을 증거하는 데 있다. 이제 사람이 해야 할 일은 하나님께서 이루신 구원역사를 믿는 것뿐이다.

"하나님이 세상을 이처럼 사랑하사 독생자를 주셨으니 이는 그를 믿는 자마다 멸망하지 않고 영생을 얻게 하려 하심이라"(요한복음 3장 16절)

사람이 망하지 않고 구원받는 길은 오직 예수 그리스도를 믿는 것이다. 이것이 하나님께서 사람을 구원하시는 유일한 방법이다.

고린도전서 15장 2-4절 말씀이다.

"너희가 만일 내가 전한 그 말을 굳게 지키고 헛되이 믿지 아니하였으면 그로 말미암아 구원을 받으리라 내가 받은 것을 먼저 너희에게 전하였노니 이는 성경대로 그리스도께서 우리 죄를 위하여 죽으시고 장사 지낸 바 되셨다가 성경대로 사흘 만에 다시 살아나사"

요한복음 3장 17-18절 말씀이다.

"하나님이 그 아들을 세상에 보내신 것은 세상을 심판하려 하심이 아니요 그로 말미암아 세상이 구원을 받게 하려 하심이라 그를 믿는 자는 심판을 받지 아니하는 것이요 믿지 아니하는 자는 하나님의 독생자의 이름을 믿지 아니하므로 벌써 심판을 받은 것이니라"

에베소서 2장 8-9절 말씀이다.

"너희는 그 은혜에 의하여 믿음으로 말미암아 구원을 받았으니 이것은 너

희에게서 난 것이 아니요 하나님의 선물이라 행위에서 난 것이 아니니 이
는 누구든지 자랑하지 못하게 함이라"

누구든지 예수를 구세주로 믿으면 죄를 한 번도 짓지 않은 사람처
럼 인정해 주겠다고 하나님께서 약속하셨다.

"예수 믿는 자를 의롭다 하려 하심이라"(로마서 3장 26절)

요한복음 5장 24절 말씀이다.

"내가 진실로 진실로 너희에게 이르노니 내 말을 듣고 또 나 보내신 이를
믿는 자는 영생을 얻었고 심판에 이르지 아니하나니 사망에서 생명으로 옮
겼느니라"

하나님께서 죄인을 구원하시는 방식은 오직 예수 그리스도를 통
해서만 가능하다. 예수를 믿기만 하면 죄를 한 번도 짓지 않은 사
람처럼 인정해 주신다고 약속하셨다. 하나님께서 예수님만큼 나를
사랑하신다는 사실을 믿어야 한다. 하나님의 구원은 예수를 믿기만
하면 받을 수 있는 선물이다. 선물은 돈 내고 받는 것이 아니다. 선
물은 그냥, 사랑해서 주는 것이다. 선물은 자격 있는 자에게 주는 것
이 아니다. 선물은 사랑하기 때문에 거저 주는 것이다.

구원은 하나님께서 주시는 선물이다. '구원받았다'라는 말은 천국
에 들어갈 자격이 주어졌다는 말과 같은 뜻이다. 천국에 들어가는
데 당신이 할 일은 아무것도 없다. 오직 예수를 믿으면 천국에 간다.

지식이 많다고 가는 곳이 아니다. 돈으로 가는 곳이 아니다. 권세로 가는 곳이 아니다. 종교 행위로 가는 곳이 아니다. 천국은 예수 믿으면 들어가도록 사랑 많으신 하나님께서 정하셨다.

천국은 하나님의 선물이다.
선물은 그냥 받으면 된다.
감사함으로….

하나님의 선물을 돈 받고 파는 무리들에게 화가 있을진저!

"너희는 그 은혜에 의하여 믿음으로 말미암아 구원을 받았으니 이것은 너희에게서 난 것이 아니요 하나님의 선물이라"(에베소서 2장 8절)

삼성 창업주 이병철 회장의 마지막 질문은 이 땅에서 살다가 때가 되면 죽어야 할 비극적 존재 인간의 대 질문이었다. "예수는 우리의 죄를 대신 속죄하기 위해서 죽었다는데 우리의 죄란 무엇인가? 왜 우리로 하여금 죄를 짓게 내버려 두었는가?" 하나님의 인간 구원사가 기록된 성경을 관통하는 위대한 질문이었다고 생각지 않는가?

교회에 대한 질문은 다음 편에서 답하기로 한다.